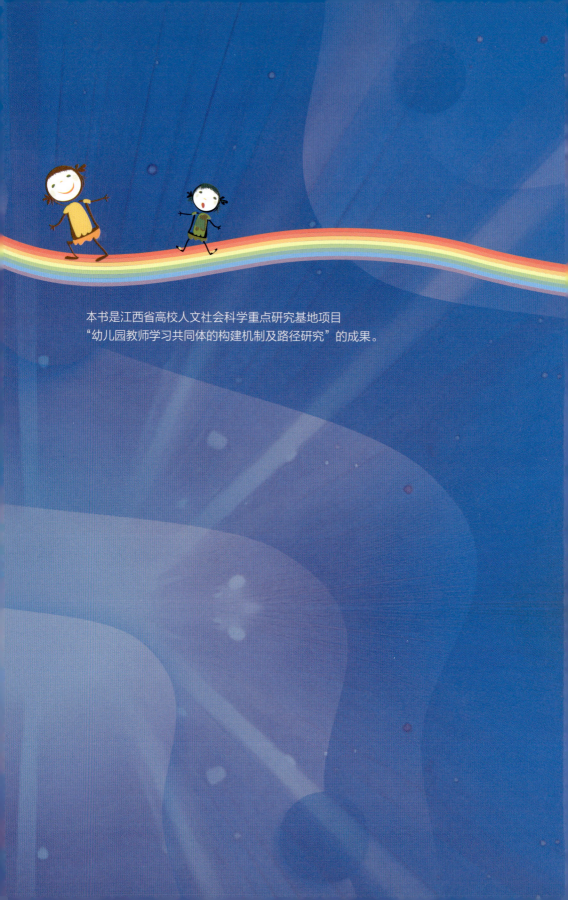

本书是江西省高校人文社会科学重点研究基地项目
“幼儿园教师学习共同体的构建机制及路径研究”的成果。

学习型幼儿园的构建

THE CONSTRUCTION OF
A LEARNING ORIENTED KINDERGARTEN

孟会君 著

社会科学文献出版社
SOCIAL SCIENCES ACADEMIC PRESS (CHINA)

目　录

1 学习型幼儿园的研究概述

1.1 研究背景

学习型幼儿园是学习型组织理论在幼儿教育中的具体运用，是幼儿园组织发展的趋势。学习型组织的价值取向在于促进组织内成员的自我发展及成员间的交互实践，推动组织持续变革及发展，实现组织的整合性、内涵式发展以及组织内部的高效运转，最终实现组织的不断学习与持续变革。系统思考是学习型幼儿园的核心理念，它激发幼儿教师在学习与专业发展等方面的自我意识，创生幼儿园的共同愿景，进而促进幼儿教师个体与幼儿园整体的共同发展。构建学习型幼儿园，有利于培养幼儿的不断学习能力及终身学习的价值观，促进幼儿教师专业学习与发展，进而为幼儿园锻造一批知识创新型的师资队伍，为幼儿园的持续发展提供不竭动力，推进幼儿园教育改革与幼儿园转型发展，并为创建终身教育体系及学习型社会发挥学前教育及幼儿园教育改革的应有作用。

当前终身学习及教育变革成为信息技术革命与知识经济时代社会发展的主流，社会各界致力于学校教育变革及终身教育体系建设。近年来，在社会转型与教育变革的时代背景下，构建学习型学校成为教育改革的主导理念和行动纲领。2019 年，中共中央、国务院印发《中国教育现代化 2035》，明确提出“构建服务全民的终身学习体系”“建立全民终身学习的制度环境”“推动各类学习型组织建设”。学习型幼儿园建设在学前教育领域扮演着越来越重要的角色，在社会各界得到了前所未有的广泛关注。2012 年，《幼儿园教师专业标准（试行）》明确指出幼儿教师应“学习先进学前教育理论，了解国内外学前教育改革与发展的经验和做法；优化知识结构，提高文化素养；具有终身学习与持续发展的意识和能力，做终身学习的典范”。2016 年，教育部制定新的《幼儿园工作规程》，要求幼儿园组织幼儿教师进行“业务学习，并为他们的学习、进修、教育研究创造必要的条件”。幼儿园为了因应终身知识学习与教育革新的时代背景，势必要通过重新设计与改革幼儿园组织管理，建构合作型、持续变革的学习型幼儿园。

为支持幼儿教师学习与专业发展，强化幼儿师资力量，推进幼儿园内涵、特色、优质发展，为社会提供高水平、高质量的学前教育，建设终身教育体系和学习型社会，学习型幼儿园承担着推进幼儿教师教育、幼儿园持续发展、学前教育纵深改革以及全社会建设学习型组织的重要使命，这就要求学习型幼儿园立足自身发展，整合园内教育与学习资源，统筹组织幼儿园管理，探索学习型幼儿园优质内涵发展路径。当前已有研究针对学习型幼儿园的内涵、理论、特征、建设策略等方面展开了论述，且主要是对学习型幼儿园理论方面的探讨，而对于学习型幼儿园的搭建形成、组织管理、运行维持等的建构实践还需要进一步研究。综上所述，本书针对学习型幼儿园的具体构建实践展开研究。

1.1.1 学习型社会建设之需

随着信息技术革命与知识经济时代的到来，“学习”成为时代的主题，“终身学习”成为当今社会发展的必然趋势，构建终身教育体系、创建“学习型社会”成为一个国家发展的重要指标。联合国教科文组织在《学会生存：教育世界的今天和明天》研究报告中指出，教育正在日益向着包括整个社会和个人终身的方向发展，并提出了“向学习化社会前进”的目标。[①] 我国党和政府也高度重视学习型社会的建设。2019 年教育部联合多部门举行全民终身学习活动周全国总开幕式，强调以“推动全民终身学习，加快建设学习大国”为主题建设学习型社会。全民终身学习活动周自 2005 年举办以来，已连续举办 15 届，已成为我国学习型社会建设的重要载体，对我国促进全民终身学习产生了深远广泛的影响。党的十九届四中全会提出要构建服务全民终身学习的教育体系，加快发展面向每个人、适合每个人、更加开放灵活的教育体系，建设学习型社会。学习型社会是终身学习的基石，要创建学习型社会，意味着要推动各类学习型组织的建设，如学习型政党、学习型社区、学习型企业、学习型学校等，创建学习型组织已经是人类生存发展之趋势。

学习型社会的关键在于促进人的不断学习与持续发展，推进全社会终身学习，实现人人皆学、处处能学、时时可学的社会发展景象，助力服务我国全民终身学习的教育体系的构建。百年大计，教育为本。学校作为承载教育的专门场域，是建设学习型社会的重要基石，学习型社会及终身教育体系的建设有赖于学校教育的变革发展与持续前进，尤其是学习型学校的建设。事实上新时代对教育提出了严峻的挑战，为顺应终身学习思潮及现代教育变革的发展，学校作为学习型社会的重要载体应力求创新变革、追求不断学习与持续发展，探寻当代我国教育的未来与发展路径。建设合作型、持续变革的学习型学校，为我国学校教育改革、教育发展及终身教育体系建设提供了新的思路和模式。

---

① 联合国教科文组织，国际教育发展委员会. 学会生存：教育世界的今天和明天［M］. 北京：教育科学出版社，1996：200.

1.1.2 幼儿园教育变革之求

学前教育是终身学习的开端，关系我国亿万儿童健康成长，关系党和国家教育事业的未来。而社会变革是教育变革的直接动因，这契合了社会学家迪尔凯姆的研究论断，即从教育变迁及其对教育的解释这一视角而言，教育变迁始终是社会变迁的结果和表征。当前我国社会转型和教育系统的宏观体制改革为幼儿园变革创造了良好的外部生态环境。为顺应学习型社会发展的时代潮流，满足我国现代教育改革发展的需要，幼儿园必须立足自身，着眼当下，寻求幼儿园改革转型与创新发展路径，组织幼儿园内部变革，拓展幼儿园领导以及幼儿教师实现发展和展现智慧、才能的空间，合力创建富有创造力和个性的幼儿园，以成功实现幼儿园的转型性变革，这是幼儿园主体自身无可替代的领域。以园为本，立足幼儿园本身，着力改革幼儿园组织内部管理与变革的实践探索，彰显了幼儿园在教育变革中的主体价值与本质意义，凸显了我国学前教育改革以及当代社会教育变革的个中关键。

幼儿园是进行学前教育活动的地方，是学前教育改革的关键所在，学前教育的核心地点在幼儿园。如果仅仅关注教育或教育改革本身，而忽视承载教育和教育改革的教育场所，则很难达到预期的目标。随着我国学前教育改革的逐步深入，我国幼儿园正处于转型过程之中，这种转型是指学校教育的整体形态、内在机制和日常教育实践要完成由“近代型”向“现代型”的转换。[①] 也就是说，超越宏观层面的国家教育体制改革和微观层面的课堂改革和课程改革，逐步聚焦于幼儿园内部组织形态和运行机制，回归幼儿园本位，探索具有园本特色的内涵式、高质量的幼儿园发展模式，把优质幼儿园看作一个不断成长、不断发展的场域。而幼儿园内部组织研究是将关注点集中到

---

① 叶澜．实现转型：新世纪初中国学校变革的走向［J］．探索与争鸣，2002（7）：10-14.

幼儿园层面，是直接面向幼儿园本身的一种研究。“组织”是个大概念，从不同层面出发，涵盖不同的人员构成，拥有不同的运作机制，并相互构成一定的层级关系及运转模式。随着新课程改革的推进，以及学习型组织理论的兴起，社会上出现了一些对幼儿园内部组织结构的批评和反思，也相应提出了一些变革对策，但是这些研究或是从实践经验层面探讨了一些具体的变革策略，或是抽象讨论幼儿园内部组织变革的趋势和性质，缺少对幼儿园组织的特殊性，以及幼儿园组织变革与幼儿园层面其他方面变革区分度的系统把握。加拿大教育学家迈克尔·富兰指出，变革的问题是应该采用什么办法使教育系统成为一个学习型组织。[①] 幼儿园的根本性转型意味着幼儿园的整体的结构性变化，在学校转型的大背景下，这是不容回避的重大的实践问题和基本的理论课题。学习型幼儿园为幼儿园的发展及学前教育变革指明了一条不断学习、持续变革的教育改革之路。

1.1.3 幼儿教师专业发展之举

随着幼儿园变革、教师教育改革以及学习型社会建设热潮的发展，幼儿教师学习及专业发展成为学前教育改革发展尤其是幼儿园教育改革发展的重中之重。实现“幼有所育”，必须提高学前教育质量，打造一支高质量的幼师队伍。有研究指出应在学校变革发展的过程中推进教师的学习与专业发展，以帮助教师追寻其职业幸福感和工作效能感，促使教师变为终身学习者。[②] 还有研究表明建设学习型学校不仅对于学生的健康全面发展具有重要作用，还能促进学校组织内部教师的学习成长与职业进步。因此，在学习型幼儿园中，由园长带头引领学习，幼儿教师随引而行，最终直接或间接地对幼儿发挥教育作

---

① 迈克尔·富兰．变革的力量——透视教育改革［M］．中央教育科学研究所，加拿大多伦多国际学院，译．北京：教育科学出版社，2004：8-9.

② 毛齐明．教师有效学习的机制研究——基于“社会文化—活动”理论的视角［D］．华东师范大学，2010：18.

用，激发幼儿终身学习的理念及自主学习的兴趣，促进幼儿学习能力的提升及全面、自由、健康发展。学习型幼儿园的价值取向是不断学习，反过来讲，学习本身即学习型幼儿园的本质意义。因此，学习型幼儿教师应该是一群热爱学习、对学习抱有极大热情、愿意付出与投入、善于学习的人。

当前，社会各界广泛关注幼儿教师师资建设。2012 年，《幼儿园教师专业标准（试行）》（以下简称《标准》）明确指出应“开展园本研修，促进教师专业发展”。《标准》自颁布实施以来，其作为引领幼儿教师专业发展的基本准则，成为幼儿教师队伍建设的重要任务和举措。另外，自 2018 年开始，全国各地先后启动师范院校学前教育专业国家认证工作，逐步建立幼儿教师培养质量保障制度。2018 年《中共中央 国务院关于学前教育深化改革规范发展的若干意见》（以下简称《意见》）明确指出，要大力加强幼儿园教师队伍建设，提高教师职业素养，培养热爱幼教、热爱幼儿的职业情怀。《意见》强调，要采取依法保障幼儿教师地位和待遇、完善教师培养体系、健全教师培训制度、严格教师队伍管理等多方面举措切实提高幼儿教师专业水平和科学保教能力，建设一支高水平幼儿师资队伍。综上所述，幼儿师资队伍建设在学前教育领域发挥越来越重要的作用，得到了我国政府前所未有的广泛关注。顺应国际幼儿园教育改革及幼儿教师教育发展的趋势，学习型幼儿园采取一种正式与非正式相结合的组织形式在我国学前教育领域逐渐发展起来，对幼儿教师教育及专业发展发挥着越来越重要的作用，影响着我国学前教育师资建设的发展。有研究指出，学校是一个边界性的概念，在学校内部开展活动及采取举措能够直接作用于教师的专业学习与职业发展。相反，超出了这一边界，即在学校外部则难以发挥对教师专业发展的正向作用。[①] 学习型幼儿园正是创造这种持续的专业发展的合作学习文化的现实载体。鉴

① 胡惠闵，王建军．教师专业发展［M］．上海：华东师范大学出版社，2014.

于学校组织对教师学习与专业发展的重要性，本研究在考察幼儿园内部组织成员——教师群体学习与专业发展的基础上，从学习型组织理论的视角进一步探讨学习型幼儿园如何通过促进教师个体及团队学习与专业发展，以更好地探索学习型幼儿园的建设路径。

1.2 学习型组织等核心概念的界定

根据教育科学概念的类属顺序，本书依照学习型组织、学习型学校、学习型幼儿园对核心概念进行界定。[①]

1.2.1 学习型组织

“学习型组织”本质上属于组织理论的范畴，来源于美国学者佛瑞斯特。他将系统动力学原理运用于企业组织，构想出未来企业的理想形态，即扁平化、网络化、开放化的组织结构，打破传统的绝对上下级的组织从属关系，寻求组织成员之间的工作伙伴关系，整个企业组织持续学习，并不断调整组织结构。但是，学习型组织这一概念是由彼得·圣吉（Peter M. Senge）在 1990 年出版的代表性著作《第五项修炼：学习型组织的艺术与实践》中最早明确提出的，他认为学习型组织是指组织中的人们通过不断拓展自我能力，提升自我的个人价值，培养更为广阔的、新颖的思维方法，不断学习如何共同学习，以实现这一组织群体所共同期待的目标和愿景。[②] 圣吉在该著作中就学习型组织的构建原则做了详细论述，即自我超越、改善心智模式、建立共同愿景、团队学习和系统思考是构建学习型组织的五项基本原则。在圣吉设想的理想的学习型组织中，组织的精神内核即学习，组织的持续

---

① 〔德〕沃尔夫冈·布列钦卡．教育科学的基本概念：分析、批判和建议［M］．胡劲松，译．上海：华东师范大学出版社，2003：29.

② Senge, P. M. The fifth discipline: The art and practice of the learning organization [M]. New York: Doubleday/Currency: 1990. 46-51.

发展有赖于组织不断地学习，通过学习能够激发组织成员的新观点和新思维，促使组织实现共同目标和愿景。因此，学习型组织是一个不断学习的、高度柔性的、有机的、可持续发展的、以人为本的组织。

圣吉的研究掀起了学习型组织的研究浪潮，野中郁次郎、迪伊·霍克以及圣吉本人等在圣吉的研究基础上进一步深化发展学习型组织，如重视组织中人的主体作用、注重组织知识管理与创新的辩证关系、强调学习型组织的实践操作等。日本学者野中郁次郎和竹内弘高在其著作中对学习型组织进行了详细论述，认为学习型组织并非被动机械地适应外部环境做出调整应对策略，而是具有活力的创造性的组织企业，如组织的知识获得实现学习的理论逻辑，摒弃将组织学习纳入个体学习的“隐喻”而强调组织成员的个体能动作用等。① 迪伊·霍克所倡导的以复杂性理论为基础的“浑序组织”的新的管理学概念指出，组织学习、知识管理和复杂性科学应整合到一起，即学习型组织是一种组织发展与阻碍力量之间不断相互抗衡、持续发展的混序组织。②

随着学习型组织的不断深入研究，学习型组织的内涵不断延伸，各个流派学者对于学习型组织的概念有着不同的定义阐述研究，但可以达成共识的是：一方面，学习型组织中学习的源头是内在的、动机是内驱的，组织成员通过自发的学习促使个人的自我提升和改善，努力实现组织的共同目标和愿景，这种自发的源泉来自组织成员对美好未来的憧憬和自信；另一方面，学习型组织中的组织结构是相互依赖的、合作共生的，组织成员通过合作分享、共同学习，实现个体的成长及组织的整体发展。

---

① 〔日〕野中郁次郎，竹内弘高．创造知识的企业：日美企业持续创新的动力［M］．李萌，高飞，译．北京：知识产权出版社，2006：217-234.

② 〔美〕迪伊·霍克．混序：维萨与组织的未来形态［M］．张珍，张建丰，等译．上海：上海远东出版社，2008.

1.2.2 学习型学校

“学习”是组织应对外部环境变化所做出行为改变或变革的动力源泉，学校恰恰是主要发生“学习”行为的组织。学习型组织的发展蔓延全球，由学习型企业逐渐推广至更大的范围，发展到学习型社区、学习型政党等，学习型组织推及教育领域即为学习型学校。

霍德（Hord）首先将学习型组织概念应用到学校，他认为，把圣吉提出的关于“ 学习型组织”理论应用到学校时，学校被称为学习型学校。实际上，“学习型学校”延续了“学习型组织”的观念，它们是一脉相承、密不可分的。关于学习型学校的概念主要体现在对学习型学校的特征的论述上，因此研究多用学习型学校的特征来描述学习型学校，具体有以下几种观点。[①] 索思沃思（Southworth）认为学习型学校应具备五项关键特征：学生的学习活动至关重要、教师应持续性学习、鼓励教师共同合作或相互学习、学校为学习系统的组织、学校领导者应为学习的领导者。克鲁斯（Kruse）等人概括了学习型学校应具备的特征，其中包括反思对话、关注学生学习、教师间的互动、合作、共同价值观和规范。瓦金斯和马席克以 7 个“C”来说明学习型学校的特征：继续不断（Continuous）的学习、亲密合作（Collaborative）的关系、彼此联系（Connected）的网络、集体共享（Collective）的观念、创新发展（Creative）的精神、系统存取（Captured and Consolidated）的方法、建立能力（Capacity Building）的目的。霍德总结了建设成功的学习型学校应具备五个重要特征：集体共同领导、组织共同愿景、持续学习与实践、全力提供支撑、共享实践经验。[②]

① Hord, S. M. , Meehan, M. L. , Orletsky, S. , & Sattes, B. Assessing a school staff as a community of professional learners [J]. Issues about Change, 1999 (1): 1-8.

② 〔美〕Jane Bumpers Huffman, Kristine Kiefer Hipp. 学习型学校的文化重构 [M]. 贺凤美，等译. 北京：中国轻工业出版社，2006.

基于以上学习型学校的研究，不同的学者给出了不同的定义与理解，尽管如此，受学习型组织理论的影响，研究者们都强调学习型学校是注重合作共享、不断学习、持续变革的学校。在学习型学校中，成员拥有共同愿景和目标、彼此分享、共同合作、注重知识创新和专业发展，学校具有良好的学习文化和信任、共享的人际氛围，是一个能真正运用反思、探询、倾听、对话、讨论等技巧来共同学习的组织。

1.2.3 学习型幼儿园

当前已有研究中鲜有关于学习型幼儿园的研究，且关于学习型学校的研究大多集中在高校、中小学等教育阶段，专门论述学习型幼儿园构建的相关研究更是寥寥无几。因此，本书以学习型学校的概念引申学习型幼儿园构念。而且因为学习型幼儿园本身就隶属于学习型学校，具有学习型学校的一般特征。因此，本书认为学习型幼儿园基本延续了学习型学校的发展特征，但也有其特有的学段特征。其主要表现为，在幼儿园的工作性质与任务上其具有保教结合及团队协作的特点，这就意味着幼儿园组织更需要也更适宜上下通力合作的组织学习与变革管理，以实现幼儿园的持续发展与终身学习。因此，综合上述分析，本书认为，学习型幼儿园是指在园长的领导下，创生共同愿景，组织并管理幼儿教师学习，实现幼儿教师自我发展及成员间的交互实践，推动幼儿园组织内部高效运转，最终发展为不断学习与持续变革的幼儿园。这一界定规定了学习型幼儿园的主要内涵，具体包括：第一，学习型幼儿园的活动边界是在幼儿园内部，包含幼儿园本身及内部组织；第二，学习型幼儿园的组织构成是以幼儿园的幼儿教师为主体；第三，学习型幼儿园构建目的是推进幼儿教师专业发展及幼儿园的持续发展；第四，学习型幼儿园以组织的不断学习与持续变革为价值取向。

1.3 学习型幼儿园的研究综述

为促进幼儿教师学习与专业发展，强化幼儿师资力量，推进幼儿园持续发展，建设终身教育体系和学习型社会，构建学习型幼儿园成为当前幼儿园建设发展及学前教育改革的重要举措，这就要求学习型幼儿园立足自身发展，整合园内教育与学习资源，统筹组织幼儿园管理，探索学习型幼儿园优质持续发展路径。然而，当前关于学习型幼儿园的相关研究文献寥寥无几，因此，结合已有与本研究内容的相关性，选取与“学习型幼儿园”这一研究较为相关的“学习型组织”“学习型学校”“园本学习与教研”“幼儿园教研管理”等研究进行文献梳理与研究分析，并对既有文献及其对本研究的启示展开评述。

1.3.1 学习型组织研究

学习型幼儿园实质上是学习型组织的一种，由学习型组织发展而来。学习型幼儿园是学习型组织在学前教育及幼儿园领域的具体运用，因此对于学习型幼儿园的研究离不开对学习型组织的探讨。当前关于学习型组织的研究主要集中在学习型组织的内涵、本质特征、模型等方面。同时，学习型组织理论发展的历史梳理为学习型幼儿园的构建提供了重要的启示和借鉴作用，明确了其历史背景，因此有必要对学习型组织理论发展的相关研究进行整理分析。

1.3.1.1 学习型组织的内涵

学习型组织经历了几十年的发展，在其研究与探索过程中学习型组织理论的发展取得一些成果，但学习型组织理论尚未形成较为公认的理论框架，尤其在关键核心问题上存在着不同的学术流派，其发展处于“百思争”阶段，有着广阔的研究前景。何谓学习型组织？不同流派由于其研究领域的不同而有着不同的研究视角，同时，由于在实践情境中的差异存在不同的表象。到目前为止，学习型组织的定义尚未明确。本书查阅各类流派关于学习型组织的相关研究，并就一些有代表性的观点进行评述，以便更好地理解这一概念内涵及其演变。

1965 年，麻省理工学院的佛瑞斯特（Forrester）教授在其著作中首次提出构建一个“new organization”，当时“学习型组织”一词并未被使用。佛瑞斯特教授认为过去数十年有许多重要的新思想在社会中不断显现，其中包括公司、公司目标以及管理思考，如果对这些思想加以整合，基于公司大框架下的这种新型组织对人类需求服务会产生重要而深远的影响。[①] 当然这种思想还能够完全整合，我们希望对这种思想加以检验，通过实践获取新的知识和理论并取得长足进步。或许，知识是零散的、断续的，服务需求和改善进步并没有被发现。或许，这种整合的思想不能够得到人们的承认。科学进步与商业组织创新保持了同步，此时应用商业组织创新的时机成熟。佛瑞斯特教授认为创新是基于新思想的，他从四个方面阐述了新组织的基础，在过去的 20 年中，这四个思想领域得到了一定的发展，涵盖了公司的不同方面，并构成了一个新型组织的基础，为新型企业奠定了坚实的基础。

彼得·圣吉对学习型组织理论进行了深入研究，定义了学习型组织的概念，即组织中的人们通过不断扩展自我能力，提升自我的个人价值，培养更为广阔的、新颖的思维方法，不断学习如何共同学习，以实现这一组织群体所共同期待的目标和愿景。[②] 彼得·圣吉认为自我超越、改善心智模式、建立共同愿景、团队学习和系统思考是构建学习型组织的五项基本原则。同时，圣吉认为学习型组织的核心是学习，该组织有着持续的学习特点，通过学习能够激发组织成员的新观

---

① Forrester, J. W. A new corporate design [J]. Industrial Management Review. 1965 (1): 5-17.

② 蓝志勇，刘洋. 建设“学习型组织”推动“组织学习”与制度创新 [J]. 学海，2012 (3): 95-101.

点和新思维，促使组织实现共同目标和愿景。因此，学习型组织是一个高度柔性的、有机的、可持续发展的、以人为本的组织。

加文（Garvin）对学习型组织进行了深入的研究，他认为学习的发生基于新的观点，学习型组织持续地吸收知识、创造知识以及转化知识，通过内在的知识修正外在的自我行为，最终使学习型组织获得新的知识和新的视角。[①] 新的思想和观点能够有效地激发学习型组织可持续地实现自我完善和自我超越，学习型组织新的思想和观点来自多方面，它可以来源于各个维度之间的知识交互和沟通，也可以来源于灵感或创造力的闪现和碰撞，不管来源于哪里，新的思想和观点都是学习型组织不断实现自我完善和自我超越的源泉。但是有一点可以明确的是，新的思想和观点并不能创造学习型组织，它只是自始至终伴随着学习型组织，为学习型组织不断改善和上升提供助力。学习型组织能够学习和总结自身经验，有效地学习历史和他人的经验做法，持续用新的思想和观点开展实践，能够高效、系统地解决日常存在的问题，并最终将获得的新知识、经验、方法迅速融合到整个组织结构中。许多公司践行着学习型组织理论，有着各自独特的实践方法和愿景，在公司运作的过程中有许多学习活动，这些活动通过创造系统和过程的支撑方式，帮助公司更有效地管理组织学习。

彼特勒（Pedler）等认为学习型组织是相互促进、螺旋式发展的，即学习型组织为组织成员搭建一个学习的平台以提升组织成员的自我能力，同时组织成员的进步又反过来促使学习型组织实现自我超越，相互之间不断自我学习、持续改善，从而实现学习型组织的共同目标和愿景。[②]

---

① Garvin, D. A. Building a learning organization [J]. Harvard Business Review, 1993: 78-91.

② Pedler, M., Boydell, T., Burgoyne, J. The learning company [J]. Studies in Continuing Education, 1989 (2): 91-101.

加文（Garvin）认为构建学习型组织是企业和所有员工的共同愿景，很多人质疑学习型组织只是一种理想状态，不可能实现。[①] 实际上恰恰相反，学习型组织是企业的现实愿景，对于组织现在所做的一切以及下一步如何做都是有益的，基于学习型组织所激发的理念对企业管理有着重要的影响。学习型组织给思维提供了一个新的观点和视角，它可以激发组织群体的个人兴趣，在学习中共同学习，将学习视为提高自我、增强生存能力的有力途径，促使组织成员为实现愿景共同努力。

斯图尔特（Stewart）认为学习型组织成员能够从历史、他人经历或做法中学习、吸收和借鉴，这是组织持续实现自我改善的重要机制。[②] 同时，斯图尔特还指出，学习型组织实质上是组织形成发展过程中的一种隐喻，即学习型组织难以用语言对其进行概括阐明，进而对学习型组织下定义。这种学习型组织的隐喻功能隐晦地表征其在组织中的理解，尽管给后人研究学习型组织造成了一定的困扰，但正是由于百家争鸣的学术环境才造就了学习型组织的不断完善丰富与成熟发展，给予了组织学者们重新阐释学习型组织的概念和定义的极大的空间与可能。

德鲁（Drew）和史密斯（Smith）通过深入研究学习型组织发现，学习型组织理论可以帮助公司提高解决紧急事件的机动能力，该理论可以影响公司的战略路径，可被用来检验一个公司成功与否。基于一些成功的案例，德鲁和史密斯对学习型组织的概念进行了不断的摸索研究，他们认为，学习型组织是一个社会系统，组织成员能够清楚认识到个体的社会关系，通过个体或者集体的持续学习不断改善组织系统，这种方式对公司的发展至关重要，它能够发挥监督功能并提升公司效益。[③] 史密斯指出组织实质上是一个完整的学习系统，在这个系

---

① Garvin, D. A. Building a learning organization [J]. Harvard Business Review, 1993: 56-61.

② Stewart, D. Reinterpreting the learning organisation [J]. The Learning Organization, 2001 (4): 141-152.

③ Drew, S. A., Smith, P. A. The learning organization: "Change proofing" and strategy [J]. The Learning Organization, 1995 (1): 4-14.

统中包含改变、愿景和行动，即分别指认同不接受组织的变革发展，基于这种转变谋求发展的愿景以及为实现组织愿景做出适当的行动，而这三者是一个连续的实现组织发展的完整过程，经过系统流程实现组织的发展。

雷诺德（Reynolds）和阿贝特（Ablett）总结了大量关于学习型组织的研究成果，认为学习型组织与组织成员之间相互关联、相互促进，即学习型组织帮助成员自我提升，成员助力组织持续改善。周边环境对学习型组织有一定的影响，通过提升学习能力这一关键要素使学习型组织能够因环境的改变而做出适应性的反应。[①] 因此雷诺德和阿贝特认为环境是时刻在发生变化的，但是学习型组织通过学习提升自我并最终改变组织的自身行为。

卡尔弗特（Calvert）等认为："学习型组织的核心就是彼得·圣吉所提出的关于学习型组织的五项修炼，学习型组织就是组织成员不断地提升他们的能力，来创造他们真正想要的结果，在这里培养了新的广泛的思维方式，集体意愿得到释放，人们持续地学习如何共同地学习。"[②] 同时，他概括性地总结了学习型组织所具备的特点。首先，集体学习使得学习型组织具备独特优势，组织成员学习如何共同学习，运用组织学习的方法学习；其次，组织成员在学习过程中存在不同的层次，具有不同的熟练度，但他们均处于集体学习的状态；最后，学习型组织构成的关键是，应尽可能让组织成员在学习的过程中更加具备目的性和系统性。除此之外，卡尔弗特也归纳了学习型组织应该学习的内容，即充分利用学习的方式实现共同意愿，学习历史、他人经验和优秀做法，不断实现自我提升和改善，珍惜成员在组织学习过程中付出的努力，并避免重复出现类似错

① Reynolds, R., Ablett, A. Transforming the rhetoric of organisational learning to the reality of the learning organisation [J]. The Learning Organization, 1998 (1): 24-35.

② Calvert, G., Mobley, S., Marshall, L. Grasping the learning organization [J]. Training and Development, 1994 (6): 38-43.

误；同时，需要将组织利益与成员利益有机结合，建立有效的绩效评估和奖励机制；此外，还需要时刻感知外界的环境信息，建造一种支撑学习过程的系统架构，培育可持续的共享对话机制，实现组织的适应性改变。

俞文钊认为学习型组织来源于人本组织理论，它的核心是以人为本，在这个组织框架中，领导和成员自主学习、团队自我管理，以人本主义理念这一基本特征，通过构建组织的共同目标，鼓励组织团队共同学习，促进组织和组织成员共同提升和改善，共同实现组织的理想目标和愿景。①

从以上研究可以看出，大多数学者指出了学习型组织精于学习、蜕变的属性（包括学习如何学习），而其学习的目的是让组织与环境调适得更好，提升与维持组织生存的竞争力。然而，除了这层意义之外，圣吉提到学习的真谛应该是让组织成员在组织工作中满足生命成长的需求，让每个成员在组织中更愉快、更有意义。所以，圣吉认为组织要学习，必须进行心灵、行为层面的五项修炼。这一点带有人本主义的色彩，也让我们看到学习型组织在心灵层面更深的意涵。

关于学习型理论的各学术流派之间存在不同观点，但有一点是可以达成共识的，即学习型组织中学习的源头是内在的、动机是内驱的，组织成员通过自发的学习促使个人实现自我提升和改善，努力实现组织的共同目标和愿景，这种自发的源泉来自组织成员对美好未来的憧憬和自信。因此，我们可以沿用彼得·圣吉对学习型组织的定义。

所谓学习型组织，指的是能够捕捉到内部及外在环境的变化，发挥组织的整体功能与作用，将内部所有人员组织起来，创生个体与群体相融合的共同的组织愿景，不断学习、相互协作，最终形成组织成

---

① 俞文钊．管理的革命：创建学习型组织的理论与方法［M］．上海：上海教育出版社，2003：76-81.

员与组织本身的共同学习成长与持续发展的新的组织形态及组织运转发展机制。在这个组织中，个体、团队、组织乃至系统的学习功能均能够有效发挥，使得组织能够创造、维持生存的竞争力，同时组织和组织内部成员也因此而变得更有价值和意义，这样的组织称为“学习型组织”。在这样的定义下，学习型组织应该被理解为只有程度上的差别，没有绝对的界线，是一个连续的观念。

1.3.1.2 学习型组织的本质特征

学习型组织的本质是什么呢？是一种理想的终极状态，还是标准的固定模式？在对学习型组织的研究或实践中，很容易陷入这两种误区。综合上述定义，学习型组织既是一种“新型组织形式”，又是一种“组织发展机制”。有研究学者指出，具备某些要素或者条件的组织可以称为“学习型组织”，这种要素或者条件包括持续学习等，业界有很多衍生的提法，例如团队、政府、社会、学校分别可以提为学习型团队、学习型政府、学习型社会、学习型学校等；同时，也有研究学者认为学习型组织具备某种机制与措施，这些机制与措施能够促使组织和成员持续性学习。他们认为如何让组织持续学习是解决学习型组织问题的关键，即为了让组织能够“持续学习”，需要建立哪些机制？制定哪些措施？采取什么办法？同时，学者还提出了更深层次的问题，一个组织应该学习什么？究竟如何学习？这类研究学者更多的是将关注点聚焦在发展过程上，即组织的“学习”（发展、变革、创新）过程，而不是“组织”的特定形式、性质、构成。

有研究者致力于寻找学习型组织的关键特征来寻求学习型组织的本质，其中包括“适应个性”“柔性化”“以人为本”等；同时，还有研究学者通过描述来定义学习型组织，以帮助大家去理解真正意义上的学习型组织，其中包括“团队共同目标和愿景”“持续学习和改善”等。但是学习型组织并没有理想的标准或者唯一的模式，如果它存在的话，我们可以通过研究学习型组织的特征并加以定义或量化，制定学习型组织的关键指标或考核目录，来引导企业对照标准建设“学习型组织”。实践的结果是：该方法是没有出路的，因为每个组织都具备独特的个性，它们处于一个千变万化的环境中，组织的目标和愿景千差万别，发展的路径、学习的重点与方式也各不相同。在多元的环境下硬生生地将学习型组织定义为一个具备某些特征的组织形式，必将会成为一种徒劳。若对“学习型组织”描述得越清晰，面对万千的个体其适用性必将大打折扣；倘若将“学习型组织”描绘得越美好，它将脱离实际，高高地飘浮于云层之上，难以为人类实践提供有核心价值的指导。实际上，我们要从本质上认识学习型组织，学习型组织实质上是组织持续改变的过程。组织所处的环境、成员构架、面临的问题、目标愿景不同，学习型组织发展路径、建设策略和学习方法也不尽相同。同时，在组织逐步改善的过程中，组织的内在特征和外在环境也在不断演化，这时候学习型组织发展路径、建设策略和学习方法也要进行适应性变革和调整。因此，在对学习型组织不断深入认识的过程中我们可以发现，我们不能对学习型组织进行固化的定义或者特征描述，实践才是检验真理的唯一标准，我们应将学习型组织理解为一个过程，这个过程伴随着组织的发展，组织在发展的各个阶段都应该结合自身的实际和特点，建立相适应的组织发展路径、变革策略和奋斗愿景。或许只有这样，才能指引我们逐步实现心中理想的目标。

彼得·圣吉的《第五项修炼：学习型组织的艺术与实践》一书对国内认识学习型组织理论具有重大而深远的影响，圣吉采用了带有东方哲学色彩的“修炼”一词，如若望文生义很容易走向理想主义，显得神秘而遥不可及。从这点意义上讲，学习型组织尚有浓厚的“理想模型”色彩。然而，五项修炼的第一项修炼就是“自我超越”，这也是五项修炼的基础。换而言之，从概念上理解，学习型组织不是终结状态，而是一个过程或者进行着的状态。学习型组织永远都是在不断进行中或者处于组织形成之中，它不是停滞不前的组织终结模式，并且它没有终极理想状态。

学习型组织的精髓是促进组织和成员的自我变革，推进组织团队的不断改善。学习型组织理论强调的是将组织当作一个整体，该组织能够共同学习，激发新的观点和思想，能够随着环境的变化而发生自我适应性的行为改变，推进组织可持续变革和发展，实现组织的共同目标和未来愿景。因此，学习型组织从本质上看就是组织发展的一个过程，即推动从“组织现状”走向“组织希望”的过程，组织的希望即组织的愿景或目标，或明确的或隐含的。基于此，本研究中学习型幼儿园的构建过程，既着力体现学习型组织理论中关于组织不断创新、持续学习的变革发展过程，又力求延伸学习型组织理论的发展，在学习型组织理论基础上进一步创新，以幼儿园为实践对象，衍生出学习型组织理论的阶段发展认知。换言之，本研究试图通过幼儿园构建学习型组织的实践过程，以实现对学习型组织理论发展的本质的探求与创新，构建学习型组织的过程意即修炼，试图对学习型组织理论进一步创新发展意即超越。概括而言，修炼即幼儿园的创建发展过程，在学习型组织理论的基础上构建学习型幼儿园，在于不断探索、持续学习，创建真正的学习型组织；而超越即幼儿园在构建学习型组织实践过程中，对理论的发展与创新，创建具有幼儿园特色的学习型组织。

1.3.1.3 学习型组织理论的发展

学习型组织理论是20世纪90年代以来，在管理理论与实践中发展起来的一种新的组织管理理念，其理论基础是系统动力学理论、组织学习和组织发展理论、行动科学理论、组织行为科学理论和人力资源管理理论等。

作为一个学术概念，“学习型组织”本质上属于组织理论的范畴，来源于美国学者佛瑞斯特（Forrester，也译作福雷斯特）①。他将系统动力学原理运用于企业组织，构想出未来企业的理想形态，即扁平化、网络化、开放化的组织结构，打破传统的绝对上下级的组织从属关系，寻求组织成员之间的工作伙伴关系，整个企业组织持续学习，并不断调整组织结构。实际上，这是最早的关于学习型企业的研究构想，佛瑞斯特也因此被誉为“系统动力学之父”。佛瑞斯特不仅首创了学习型组织的概念，他更大的贡献在于以系统学的视角，预见了未来的企业组织结构，此后各类扁平化组织的概念提出与企业实践，无不验证了佛瑞斯特的先知先觉。

此后，鲍尔·沃尔纳以实证研究法，通过对多家企业组织教育培训活动的深入研究，发现学习型组织的发展是一个螺旋上升的过程，基于此他提出了学习型组织的“五阶段模型”。沃尔纳认为，组织的学习只有发展到了第五个阶段，才实现了真正意义上的组织转型，此阶段组织的结构、组织的系统以及组织的过程发展才真正有利于学习型组织的成熟，才能迈向真正的学习型组织。沃尔纳的贡献在于，他根据企业成长的一般规律，从培训管理的角度提出了学习型企业创建的基础之一，以及企业学习管理的成长路径，并提出了类似管理成熟度的五级分类标准：初始级（反应级）、可重复级、已定义级、管理级、优化级（自主级）。沃尔纳的“五阶段模型”虽然没有直接触及学习型组织理论体系，但从企业培训的角度提出了学习型组织的基础和前提。②

其后，约翰·瑞定教授从战略规划理论的角度构建了学习型组织的学习模型，通过对学习型组织的学习模式和特点进行深入分析，他

---

① 〔美〕J. W. 福雷斯特．工业动力学［M］．胡汝鼎，等译．北京：科学出版社，1985.

② 转引自〔美〕彼得·圣吉．第五项修炼：学习型组织的艺术与实践［M］．张成林，译．北京：中信出版社．2018.

认为组织系统能够快速改变或者变革对该组织的生存能力起着至关重要的作用，他总结了构建成熟的学习型组织的四个关键要素。① 首先是持续准备，持续性地处于准备阶段有助于组织成员快速感知周边环境变化，质疑组织的日常行为，敢于应对环境的挑战，强化组织在千变万化的环境中的适应性和未来的生存能力；其次是不断计划，计划是时刻进行的，是开放的、灵活的，组织计划始终是持续的；再次是即兴实施，学习型组织能够持续创新思维，激发组织成员的新观点和思路，工作中弥漫着创新性，推动组织的有利和持续变革；最后是行动学习，组织成员能够充分学习历史和他人经验、做法，持续改进策略，能够对组织行为做出有效的总结和反省，以提升组织的未来生存能力。学习型组织通过持续准备、不断计划、即兴实施、行动学习，完成一次又一次的改革，从而不断调整组织战略，使组织获得创新与发展，并显现出生命的活力。

然而，目前公认的将学习型组织首次理论化、系统化的是学习型组织概念的创始人佛瑞斯特教授的学生——彼得·圣吉。彼得·圣吉继承佛瑞斯特的研究成果，试图在动力学理论的基础上寻找一种更为理想的组织，理论中他除了运用更多细节性的技术之外，还创造性地结合了一些新的管理技术，并将取得的学习型组织理论在大量企业中进行实践，积累了不少的成功案例。通过对案例进行深入分析，他发现一个企业要想在竞争激烈且变化万千的环境中幸运生存下去，具备能够快速感知组织周边环境变化的这一能力至关重要，而且这种行为改变的反应速度需要比其他企业要来得更快。这种学习区别于我们日常所谈的学校学习，它更多的是组织自我改善和创新性思维学习，通过这种学习，组织和成员能够适应千变万化的环境，能够攻克难以解决的问题，总结与反思历史经验和个人经历，创造性地实现组织的共

---

① Redding, J. C., Catalanello, R. F. Strategic readiness: The making of the learning organization [M]. Jossey-Bass. 1994: 58-67.

同愿景。[①] 彼得·圣吉发展出了一个理想的组织，组织具有如下特征：组织成员持续学习、组织能够不断自我更新、组织结构扁平化、组织系统弹性化、关注人本主义、组织成员之间合作互促，即便在竞争激烈的环境中，组织仍具备顽强的竞争力和生命力。

圣吉的研究掀起了学习型组织的研究浪潮，彼得·圣吉本人也因此被誉为20世纪末新一代管理大师。管理学界普遍认可学习型组织，未来最成功的企业将是“学习型企业”，它像个有机体，尽管在前进中会遭遇各种复杂、混沌、变化和危机，但它总能灵活伸展，欣欣向荣。彼得·圣吉与其他一些学者们在“开放式”心态的基础上，继续研究发展学习型组织。圣吉等人从《第五项修炼：学习型组织的艺术与实践》的要领和理论出发，进一步研究学习型组织理论。1994年圣吉又出版了《第五项修炼——创建学习型组织的战略和方法》一书，这部著作的出版发行有力地促进了“学习型组织”的广泛推广，为学习型组织理论走向更广范围、更高站位、更深层次奠定了坚实的理论实践基础。这是“学习型组织”的实践篇，从具体实践层面分析阐明学习型组织“五项修炼”中的具体内容，如包括学习型组织发展存在的问题、建设学习型组织的策略方法及学习型组织的建设技巧构建等。具体而言，第一，如何对学习型组织进行总体设计；第二，关于自我超越、改善心智模式、共同愿景和系统思考等五项修炼的各自的核心要点、具体实践步骤策略、实践范例等；第三，团队学习的具体实践策略方法；第四，部分企业、事业、学校和社区在组织和推动学习型组织的“学习”中的具体实例。此时“学习型组织”的发展方兴未艾，学界和世界范围内的企业组织等纷纷将组织管理改革投向学习型组织，谋求组织的新发展。在学习型组织得到推崇发展的形势下，圣吉等人并未就此止步，而是继续钻研探究，尤其是圣吉本人，

---

① Senge, P. M. The fifth discipline: The art and practice of the learning organization [M]. Broadway Business, 2006.

针对当下学习型组织存在的种种矛盾问题，于1999年出版了他关于学习型组织的第三部巨著：《变革之舞——学习型组织持续发展面临的挑战》。他针对当时学习型组织在推广过程中出现的种种问题以及学习型组织推广过程中所遇到的各种传统思想桎梏，进一步展开了深刻详尽的探讨，揭示了学习对提高组织成员素质的重要影响。如果将圣吉的《第五项修炼：学习型组织的艺术与实践》作为创新管理理论的第一步的话，那么学习型组织更大的发展及推进也就在更大的范围内开展了。

除了圣吉本人，世界范围内许多学者也对学习型组织进行了研究与探索，其中日本学者野中郁次郎就是研究学习型组织的又一杰出学术代表。他提出了著名的“创造知识的公司”的理论，并得到日本许多大型优秀企业组织的推崇。野中郁次郎认为在学习型组织中持续性学习至关重要，组织要不断地学习和创造知识，这一点与彼得·圣吉所提倡的“学习型组织”理论达成了共识，在这基础上，他更多地研究知识管理对组织的技术革新有着怎么样的影响。因此这在一定程度上补充了圣吉关于“学习型组织”的论述，尤其是弥补了圣吉仅仅探讨如何吸收“既成的”或“现有的”知识，而很少论及如何“创造”知识的空白。概括而言，野中郁次郎等一方面肯定了圣吉在学习型组织理论发展方面做出的巨大贡献，如圣吉采用系统思维的理论方法将学习型组织的五项修炼融合发展成为一个统一体；力图克服笛卡尔的二元论思维，用系统思考的思维方法代替西方传统的还原论；意识到各种企业组织在实际操作中遇到的困境，并提出了具体的实践操作方法予以具体的实际的指导步骤等。另一方面又指出了圣吉关于学习型组织理论发展的不足与阻碍。具体而言，其一，圣吉将学习型组织理论简单理解为“刺激—反应”，缺乏对理论的深层次思考，忽视了知识获得的理论逻辑；其二，在学习型组织中，纳入个体学习的“隐喻”，尽管“隐喻”在知识创造的初期阶段对直接推动投身创造过程是非常有效的，但经过 20 多年关于学习型组织理论的不断研究积累，无法促使学习型组织持续向前，甚至出现组织发展停滞的局面，仍未详尽说明学习型组织的具体学习构面；其三，将学习型组织理解为适应变化的过程，仅仅是过去经验的积累或者对于外界环境变化的适应调整，未能发挥组织的能动性，特别是组织成员的主动性作用，这在一定程度上失去了组织的创造功能，也是学习型组织不能持续发展的重要原因。整个理论并没有关注到知识创造的问题，这就无从谈及知识的创新了。

学习型组织的进一步发展则是组织学派内更大范围的整合。圣吉在学习型组织理论的发展基础上进一步提出了组织的“知识管理”这一概念，实际上是对学习型组织如何具体执行团体学习的策略指引，将组织学习者的“知识是什么”（know-what）与“知识如何”（know-how）的知识有机结合。为了继续深化两者之间的关系，对于学习型组织中的团队学习具体如何发生应达成一致的理解，深入实践中去探究具体的两者结合的有效方式及指导策略，而非仅仅停留在表面上拥有共同的价值愿景与目标信念等。基于此，圣吉原本赖以建立的理论基础——系统动力学，就必须进一步提升。这就是由迪伊·霍克所倡导的以复杂性理论为基础的“浑序组织”的新的管理学概念，他指出，组织学习、知识管理和复杂性科学应整合到一起。[①] 复杂性理论为两者提供了一个稳固且广泛认同的、关于生命系统在人类组织中据以变化的方式，复杂性理论本身涉及人类组织中知识和学习的本质和作用。圣吉本人对于霍克的理论是极为赞赏的，他说：“霍克是我见到过的、对于组织学习这个议题最具有原创性想法的人。”圣吉认为霍克对于学习型组织的发展的研究契合了学习型组织的较为理想的设计理念，是对学习型组织的精髓的延续及新的发展。不仅如此，二人于

---

① 〔美〕迪伊·霍克．混序：维萨与组织的未来形态［M］．张珍，张建丰，等译．上海：上海远东出版社，2008.

1997 年达成协议：将圣吉领导的“学习中心协会”（the Learning Center Consortium）并入了霍克筹办的“混序联盟”（Chaordic Alliance）中，更名为“组织学习协会”（Society for Organization Learning，SOL）。“学习型组织”演进到这一阶段后，圣吉本人对于领导者的“学习”也更为感兴趣，他认为“领导是人类团体决定其未来并支持有效变革的动力”，也是持续变革的关键。

学习型组织理论自问世以来，作为一种先进的管理技术最早应用于企业的系统管理，学习型企业也被誉为未来最成功的企业组织模式，得到了全世界的认可，目前美国排名前 25 位的企业，80%用的都是这种理论，学习型组织理论是当今世界上最前沿的管理理论。随后，该理论被引入以政府机构为代表的非营利性公共组织的管理过程。学习型组织虽已被发明出来，但是还没有达到创新的程度。当一个新的构想在实验室被证实可行的时候，人们会认为它是一种发明，而只有当它被以适当的规模和切合实际的成本稳定地加以重复生产时，这个构想才成为一个创新。如果将此概念应用在组织的演化及变革上，那么可以说，学习型组织刚进入“少年时代”，正进入一个生机勃勃的发展过程。学习型组织作为一种学习导向战略，已由“已知能力”扩展到“任何技能、任何能力”，由“已知产品”扩展到“任何产品、任何市场”，由“已知结果”扩展到“任何未学习过的过程、任何问题”的解决程序。学习型组织倡导要经历“学习—修炼—提升”这一过程，这是强化组织竞争力的必由之路。学习、实践、修炼不断循环，就是要在一条永无休止的发展道路上，做一个终身的学习者。

1.3.2 学习型学校研究

如前文所述，目前学习型幼儿园的研究少之又少，且关于学习型学校的研究大多集中在高校、中小学等教育阶段，专门论述学习型幼儿园构建的相关研究更是寥寥无几。因此，本书从更广范围的学习型学校的相关研究来审视和考察学习型幼儿园，一起为学习型幼儿园的研究提供借鉴和参考。当前有关学习型学校的研究主要包括学习型学校的内涵及特征、发展问题及影响因素等方面。

1.3.2.1 学习型学校的内涵及特征

学习型学校是一种什么样的学校？它与传统的学校有什么不同？受学习型组织理论的影响，不少学者致力于学习型学校的研究。

索思沃思（Southworth）认为学习型学校应具备五项关键特征：（1）学生的学习活动至关重要；（2）教师应持续性学习；（3）鼓励教师共同合作或相互学习；（4）学校为学习系统的组织；（5）学校领导者应为学习的领导者。① 克鲁斯（Kruse）等概括了学习型学校应具备的特征，其中包括反思对话，关注学生学习，教师间的互动、合作，共同价值观和规范。他们认为学习型学校应构建高效的学习系统，推进学校与教师之间相互激励，其目的是促使学习型学校的教育质量、效能以及学生的学习成绩不断提高。② 迈尔斯（Myers）和辛普森（Simpson）认为学习型学校为管理者、教师和学生共同营造了学习氛围，每个参与者以个体的形式在组织中持续学习，同时，他们也是学习的共同受益者。③ 当然，发展的路径和策略是丰富的、多样的，管理者共同学习可以更多地、更真实地参与学校建设，倡导多元的文化交流、促进多层级的互动对话，教师持续学习不断实现自我提升和自我改善。斯佩克（Speck）认为学习型学校鼓励多元的、多层级的

---

① Southworth, G. The learning school. In Ribbins P., Burridge E. (Eds.), Improving education: Promoting quality in schools [M]. London: Cassell, 1994: 52-73.

② Kruse, S. D., Louis, K. S., Bryk, A. An emerging framework for analyzing school-based professional community. In Seashore, K. R., Kruse, S. (Eds.), Professionalism and community: Perspectives on reforming urban schools [M]. Thousand Oaks, CA: Corwin, 1995: 23-42.

③ Myers, C. B., Simpson, D. J. Re-creating schools: Places where everyone learns and likes it [M]. Thousand Oaks, Calif: Corwin Press, 1997.

互动和对话，促使学校营造良好的学习氛围，并且在学习型学校里学习是持续的、积极的，所有这些要素推动学校成员提高学习质量。[①]克拉克（Clarke）对学习型系统进行深入的研究，聚焦学习型学校的设计和发展，关注点转向学习型系统这个新领域面临的挑战。瓦金斯与马席克将学习划分为四个层次，包括个人层次、团队层次、组织层次与社会层次，并以 7 个“C”来说明学习型学校的特征：（1）继续不断（Continuous）的学习；（2）亲密合作（Collaborative）的关系；（3）彼此联系（Connected）的网络；（4）集体共享（Collective）的观念；（5）创新发展（Creative）的精神；（6）系统存取（Captured and Consolidated）的方法；（7）建立能力（Capacity Building）的目的。[②] 霍德认为，把圣吉提出的关于“ 学习型组织”的理论应用到学校时，学校被称为学习型学校。学习型学校所有成员共同学习、合作研究、知识共享，集体参与并讨论教学角色转变和教育课程的改革。霍德对学习型学校进行了大量的研究和考察，他认为学习型学校在管理者方面实施了更多的民主，并且更加注重教师团队关于专业知识的培养，这两者的改变就促使学习型学校一直处于自我改进状态，教育质量和学生的学习成绩不断得到提高和增强。霍德总结了建设成功的学习型学校应具备的五个重要特征。（1）集体共同领导：学习型学校实施民主分享权力，领导层和教师共同参与讨论和制定决策。（2）组织共同愿景：教育学生学习是学习型学校教师成员的重点工作。（3）持续学习与实践：组织成员需要持续不断学习，寻找新的思维方式，从而更好地引导学生学习。（4）全力提供支撑：学习型学校需要为组织成员营造良好的学习氛围，包括物质条件和基本能力，激励成员共同学习。（5）共享实践经验：鼓励组织团队成员对有利于学校发展的活动积极多

---

① Speck, M. The principalship: Building a learning community [M]. Upper Saddle River N. J.: Merril, 1999.

② Clarke, P. Learning schools, learning systems [M]. London; New York: Continuum, 2000: 49-65.

元交流、沟通互动，共享典型经验和学习成果。①

基于以上学习型学校的研究，我们发现学习型学校是不断学习、持续变革的学校。在学习型学校中，组织成员拥有共同的价值追求及目标愿景，组织成员之间相互合作、分享学习，共同为实现学校的愿景而努力，在共同建设学习型学校的过程中，组织成员之间分享学校组织管理的领导权，形成分享互助、不断学习的宽松和谐的文化氛围，为学校的发展共同努力。

1.3.2.2 学习型学校的发展问题及影响因素

当前国内外关于学习型学校的研究以及对于学习型学校建设的实践探索已经有了一定的积累并取得了一定的成果，但是学习型学校在发展过程中仍然存在一些问题，这些问题被研究者们发现并试图找出影响学习型发展的因素，给出破解方案及解决策略。

第一，时间不足。罗宾和菲林通过研究学习型学校的发展困境发现，影响学习型学校发展的最主要障碍就是合作时间不足。② 针对学习型学校发展遇到的时间问题，有研究给出了相应的解决对策，如哈克曼认为应为学习型学校建设提供充足的时间并就此提出相应的具体实践策略。③ 罗伯特提出应为学校内的每位教师留足合作研修学习的准备时间，他通过实证调研发现，学校教师合作学习的时间与机会不足。④

第二，缺乏信任和沟通。D. W. Johnson 和 F. P. Johnson 认为学习型学校发展的主要障碍在于组织成员之间缺乏明确有效的沟通，无法

---

① Hord, S. M., et al. Learning together, leading together: Changing schools through professional learning communities [M]. Teachers College Press, 2004: 6-7.

② Robbins, H., Finley, M. Why teams don't work: What went wrong and how to make it right [M]. Princeton, NJ: Peterson's Pacesetter, 1995: 17-44.

③ Hackman, J. R. Groups that work (and those that don't) [M]. San Francisco: Jossey-Bass, 1990: 43-49.

④ Roberts, M. P. Your mentor: A practical guide for first-year teachers in Grades 1-3 [M]. Thousand Oaks, CA: Corwin, 2001: 56-64.

建立相互信任的合作关系。为此，他们指出应虚心听取他人意见、弄清楚不明白的问题，并清楚地表达自己的观点，以积极改善沟通效果。组织成员之间保持一定的差异性有利于组织团队从各自的视角出发分享观点，更利于沟通及做出正确的共同决策。同时，他们还指出明确的目标对于学习型学校的建设至关重要，因为组织成员之间分享共同的目标是组织结构合作学习与共享实践取得成功的关键。① 多伊奇的研究认为学校成员之间的相互信任尤为关键，缺乏信任则导致学习型学校走向失败，他还给出了具体的建立信任的建议，如充分利用合作活动前的互动环节、共同的学习任务要求等。② 哈林顿·麦金的研究指出应提供培训以加强组织的沟通技巧，加强学校教师之间的活动规则意识更有利于形成信任的合作学习氛围。③

第三，行政支持保障欠缺。有研究指出，很多学习型学校失利和走向失败的原因在于学校未能提供行政层面的支持和保障。为此研究者们纷纷从学校行政层面提出学习型学校建设完善的意见，如塞尔乔瓦尼通过对学校的实践研究得出结论，他认为成功的学习型学校必须得到学校层面和社区层面行政上的支持，特别是校长要带头学习，为教师学习树立榜样。④ 应从学校层面给予教师合作学习的支持，为学校的教师及管理者们提供团队工作建设技巧方面的培训，校长本人应先接受这方面的培训以领导学校内的教师走上合作学习、分享实践的学习型学校建设之路。

---

① Johnson, D. W., Johnson, F. P. Joining together: Group theory and group skills [M]. Boston: Allyn & Bacon, 2000.

② Deutsch, M. The resolution of conflict: Constructive and destructive processes [M]. New Haven: Yale University Press, 1973.

③ Harrington-Mackin, D. The team building tool kit: Tips, tactics and rules for effective workplace teams [M]. New York: Amacom, 1994: 34-36.

④ Sergiovanni, T. J. Building community in schools [M]. San Francisco: Jossey-Bass, 1994: 79-85.

1.3.2.3 学习型学校的发展

分析学习型学校，必须对其在社会历史发展过程中出现的逻辑起点、它的生成与发展的原点进行定位，并了解其到达现在位置的过程。换言之，掌握学习型学校的历史发展背景是了解学习型学校的必要条件。学习型学校经历了长期的发展，并且在历史转换中不断变化，它与教育的时代主题有着紧密的联系。关于学习型学校的发展，本研究将从学习型学校与学习型组织的相承关系谈起，进一步梳理学习型学校发展的相关研究，分析学习型学校的变迁轨迹。

学习型学校的发展既延续了学习型组织的共有特征，又具有学校独有的发展规律及特征内涵，其形成和发展与学习型组织的发展是一脉相承、密不可分的。换句话说，学习型学校是学习型组织的一种，学习型学校的实践与学习型组织及终身学习关系密切。研究学习型学校首先要了解学习型学校的形成及发展历史，即研究学习型学校是如何从学习型组织逐步发展而来的，这也是学习型学校研究的逻辑起点。

学习型组织理论被引入国内后，受到企业组织的热烈响应。中国生产力促进中心协会成立“组织学习研究小组”，有计划地推进学习型组织的理论与实践发展，以协助国内企业迎接当前世界整体经济环境的变革。在教育组织方面，中小学组织因应学校基础课程改革及终身学习思潮趋势，积极展开了学校内部的创新改革。然而，学校组织具有相对稳定这一特点，使得组织内部成员缺乏创新改革的主动性，通常是基于组织外部的压力推动学校发生变革。随着时代的变迁，未来学校组织及其运作势必面临创新变革的压力。“学习型学校”的兴起，恰为学校组织寻求创新变革及成功转型提供了出路。学习型学校是持续学习的团队，学校成员不断学习共同学习、勇于自我反思、热衷问题讨论、积极开展成员对话，团队弥漫着浓郁的学习氛围，能够激发学校成员新的思维和观点，学习型学校是一所包容、活性化、人本主义、高效能的学校。近年来，国际经济竞赛、信息科技的日新月异，以及全球化浪潮的冲击，引发人们目眩于世局诡谲多变之余，纷纷寻求解决之道以为因应。世界各国教育改革的呼声甚嚣尘上，强调“终身学习”成为今日世界共同发展的趋势。“学习”是组织应对外部环境变化做出行为改变或变革的动力源泉，而恰恰学校是主要发生学习行为的组织。因此，为了提升学校的教育质量和效能，如何构建“学习型学校”成为教育改革的关键。实际上，“学习型学校”延续了“学习型组织”的观念，它们是一脉相承、密不可分的。

学习型学校具有创新思维、努力改变、持续发展的特点。在学习型学校，人人都是终身学习的实践者，学校积极构建多元、高效的学习机制和系统，营造一种优良的学习氛围，力促学校成员能够持续、高效学习，学校成员在持续性自我改善的同时，能够促进学习型学校的教育质量和效能不断提升，两者之间相互激励，螺旋式发展，最终实现学习型学校的共同目标和愿景。因此，学习型学校是培育终身学习者的摇篮，在学习型学校中，人人都是终身学习者。进一步讲，学校既是教导人学习与提供知识的组织，更需要有效地进行组织学习，进而成为学习型学校。彼得·圣吉教授的著作《第五项修炼：学习型组织的艺术与实践》带动了学习型组织的研究。除了企业组织之外，教育组织能否应用学习型组织的原理原则？学习型组织在学校组织有无适用性及限制？建构学习型学校的具体做法为何？正是本书所欲探讨的重点。面对全球化的冲击与知识经济的压力，我们期待教育能够为我们催生另一个新的社会。在提升国家竞争力与协助国民适应未来生活的功能上，教育更被投以高度的期待。这种情况下，自然而然，学校责无旁贷，承担着重要的学习责任。建立“学习型学校”同时也将是迈向学习型社会的必然要求。当前，国内外针对学校的教育改革重点关注的是如何建设学习型学校。学习型学校是学习型组织理论的延伸，两者之间有着密切的联系。当今企业逐步朝着学习型组织的方向发展，因此，研究者及教育学者更多地关注和思考如何将学习型组织理论运用在学习型学校的建设过程中。事实上，建立学习型学校所做的改革不只是组织结构的调整，更带来学校文化的改变及学校成员思维与行为模式的转变。心智模式的改变不是一朝一夕的事情，领导者的角色转变才是发展学习型学校的关键。推动学习型组织的关键人物为领导者。传统组织形态强调的可能是层级制度与法令规章，或是领导者个人能力与魅力，结果抑制了创意思考的可能；可能以个人之力解决问题，结果却忽略了团队发挥的绩效及对整个系统全面的考量。圣吉认为，在学习型组织中的领导者必须扮演三种角色：设计师、仆人和教师。就学校而言，领导者是校长；就班级而言，领导者是教师。学习型学校中，领导者位于管理阶层，其必须促进愿景的建立，设计组织架构与学习活动，跳出权威角色，重新以一种示范者、教师的角色，引领组织学习与定位。所以，领导者本身除了一般的领导职能外，必须具备五项修炼的能力，以及推动变革时的情绪韧性。过去的主管是英雄，永远都有正确的答案，现在的主管是探索者，必须和员工寻找正确的方向。组织的学习要求每个人开放自我，与人沟通，连最高层的主管也不例外，这可能也是最困难的地方。组织中的领导者必须放下身段和组织成员站在一起，亲自示范如何共同学习，这对于惯于指挥的权威领导者而言的确是一大挑战。学校中，组织成员早已习惯听命行事，对组织中的规范极少去怀疑或抗争，自我防卫的心态与表现也相当严重；组织成员各行其是，经常抱着多一事不如少一事的消极心态，缺乏共同繁荣的认知图像与共享愿景。这就是组织屏障，也是学校文化的危机。21 世纪的学习无疑是终身学习，“习”比“学”更为重要。正因为“教然后知不足”，通过教学相长的过程，好的学习者往往也会是好的教导者，好的教导者也是好的学习者。学习如何学习，将个人学习转化为组织学习的动力，正是目前各级学校亟待努力的地方。

学习型学校的构建，依照学校组织的特性，大致分为班级、学校、社区等不同分析层次。提升学校革新能力的同时，学校必须发展自我检视组织环境的能力。所谓的学习型学校，是以学习为取向进行学校革新与发展，重视学校各层次的学习，在共同愿景下，进行团队学习、改善成员心智模式、鼓励所有成员自我超越以及系统思考的学校。学校里每一个人都在学习，未必就是所谓的学习型学校。学习型组织强调的是，组织成员必须能共同学习、共同改变传统应对挑战的方式，并由此过程产生新知识。学习型组织的学习速度必须比外在环境的变迁速度更快，组织成员除了具备协助、创造、认知及获取知识的技能外，同时更要懂得如何将所获得的知识予以转移，以修正旧有的行为，如此所获得的知识价值也会更凸显。所谓学习型组织就是组织不断地学习与改变。组织领导与学习文化就是学习型组织的根本任务。吴明烈指出，要创造一个现代化的学习型组织，必须在组织中至少建立起“工作学习化，学习工作化”的观念与做法。① “工作学习化”意味着将每项工作都视为学习机会；“学习工作化”指的是将学习视为必要工作，每天不断地持续学习。如此一来，工作结合学习，学习融入工作，学习不只是生活的一部分，更是一种习惯，自然成就出组织的学习文化。积极活跃的学校文化正是学习型学校所极力追求的理想。阿吉瑞斯认为，成功的企业有赖于学习能力的建立，然而很多组织往往不知如何去学习。② 我们一再强调，学习型组织正是一连串组织学习活动所要达到的终极理想，这个理想的达成将使组织在文化、领导与结构方面都产生变化，不但加强了组织成员的能力，同时提升了组织效能。

迈向学习型学校是一个漫长而缓慢的过程，也是一个持续不断的

---

① 吴明烈．学习型组织构建理论与实践［M］．北京：光明出版社，2022.

② Argyris, C. Knowledge for action: A guide to overcoming barriers to organizational change [M]. Jossey-Bass Inc., Publishers, 350 Sansome Street, San Francisco, CA 94104, 1993.

过程。学校组织一贯采用科层管理体制，自上而下的行政领导一切只能听令行事、无权过问。校长、教师、幼儿、家长之间缺乏对话，关系对立、各行其是，缺乏团队合作精神和客观的自我评估能力。主张减负的教育改革政策将决策模式由过去的“自上而下”改为“自下而上”，通过回归学校本位构建学校行政管理的框架，推动了民主化与社区化进程，危机也是转机，这或许是组织再造的新契机。我们期许学校中的领导者，无论是校长、主任，抑或是幼儿教师，都能认同与支持学习型组织的理念，积极构建相互支持的学习文化，凝聚彼此的共识与愿景。先从自身做起，成为终身学习的践行者，营造平等、开放、温馨的对话氛围，致力于学习型学校的建设。

1.3.3 园本学习与教研研究

学习型幼儿园研究本质上是发生在幼儿园内部的以促进教师专业学习与发展以及幼儿园持续发展为目标宗旨的研究，这与立足于幼儿园本身的园本学习与教研研究密不可分，两者都发生在幼儿园内部，存在客观边界，且均指向幼儿教师的专业学习与职业发展。不同之处在于，园本学习与教研研究涵盖的范围更广，而学习型幼儿园研究兼顾了幼儿教师与幼儿园的双重性发展目标。因此，两者有一定的相关性，可以互为研究依据、相互借鉴参考。基于研究的延续性及与本研究的相关性考量，本研究针对园本学习与教研的已有研究进行梳理与分析。

1.3.3.1 关于园本教研的相关研究

园本教研的研究随着学校教育开始开展行动研究而逐渐受到重视，20 世纪中期，校本培训、校本研修、园本教研等方面的研究开始进入教育研究者们的视野，取得了学校和幼儿园教育改革等一系列研究成果。对已有研究文献梳理发现，国外关于园本教研的研究较少且分布零散，在少之又少的研究中大多未对园本教研展开系统研究，同时国内园本教研的研究与本研究的内容在地缘上关系更为密切，也更加契合，因此，本部分内容主要梳理国内关于园本教研的文献。整理分析既有研究可知，我国关于园本教研的研究主要集中在园本教研的模式、成效、策略等方面。

第一，关于园本教研模式的研究。随着教育改革的发展及从教师教育到教师学习的转向，园本教研模式经历了教研场地的转换，完成了由外部培训到园本教研的转变。具体而言，首先是教师培训，即由外部的高等教育机构或者专门的教师培训机构完成对教师的培训，将教师集中到脱离幼儿园的场域中统一培训。这种外部培训模式能够在短时间内完成对教师的培训，但无法摆脱其脱离实践的弊端。因此教育机构便发生了转向，形成了以实践场地为中心的教师职后教育，如美国的“学校本位”、英国的“以学校为中心”、日本的教师园本研究、德国的校本在职教育等。在此基础上，园本教研模式慢慢发展起来，更多的研究及实践立足幼儿园实践中与实际工作直接相关的教师行动研究，即园本教研。① 当前关于园本教研的研究成果已经相当丰富，研究者们纷纷致力于拓展园本教研模式以发挥园本教研对于促进教师专业发展及推进幼儿园建设的巨大作用。俞芳在对幼儿教师专业发展的研究中指出，发挥信息技术的作用促进园本教研的发展，以园本教研促进幼儿教师专业发展。② 郑庆文和黄志兵基于知识管理的视域提出园本教研包含社会化、组合化、外显化、内在化等培训模式。③ 王玉彬提出将教学工作与科研结合，进行园本培训及园本教研，实现学习型幼儿园的建设。④

第二，关于园本教研成效的研究。朱家雄和张婕主张园本教研不

① 张玉华．校本培训研究与操作［M］．上海：上海教育出版社，2003：18.

② 俞芳．信息技术支持下的幼儿教师专业发展研究——以信息技术支持“幼儿数学学习观察与评价”的园本教研为例［D］．华东师范大学，2015.

③ 郑庆文，黄志兵．知识管理视阈下幼儿教师园本培训模式的构建［J］．未来与发展，2012（5）：77-81.

④ 王玉彬．以园为本，建设学习型幼儿园［J］．中国教育学刊，2011（S1）：15-17.

应追求量化的成果，而是更多地考察实践性的反思行动研究，促进教师成长为研究者，提升其专业发展水平。[①] 杨晓萍和邵小佩指出园本教研发生了由工具性到人文性的价值转向，追求幼儿教师专业学习与成长，追求幼儿教师的生命价值。[②] 还有研究指出园本教研能够平衡学习与工作的矛盾，提升幼儿教师学习与工作的效率，实现幼儿教师的专业学习成长与职业发展。朱燕指出园本教研能够有效促进幼儿教师的专业发展，使得幼儿教师的学习与研修贴近实际工作与教学实践。[③]

第三，关于园本教研策略的研究。有研究针对园本教研存在的问题，提出园本教研应提升幼儿教师研究学习意识、发挥其学习研修的主动性，分层培养、多通道培训，建立园本教研反思制度，营造适宜的园本教研环境。还有研究在充分把握园本教研内涵的基础上，提出园本教研的一系列改进策略，包括分权领导、创生共同愿景、培养教研骨干团队、吸纳专家指导与合作、形成分享互助的教研文化、形成园本教研的自组织等。有研究强调在推进园本教研策略上，应具备有针对性的计划、实效性的内容、多样性的方式、科学性的管理方案等条件。还有研究指出，通过行动研究吸纳多元主体参与到园本教研中是最有效的推进策略。[④]

1.3.3.2　关于园本学习的相关研究

园本学习研究是指立足于幼儿园，从幼儿园实践角度出发促进幼儿教师的专业学习与成长等的相关研究。关于园本学习的研究实际上

---

① 朱家雄，张婕．走向基于行动的园本教研——论教师专业发展范式的转向［J］．幼儿教育，2005（17）：30-31.

② 杨晓萍，邵小佩．从工具性到人文性：园本教研价值取向的转换［J］．学前教育研究，2009（12）：34-37.

③ 朱燕．以园本培训为依托，促进年轻教师专业成长［J］．学前教育研究，2011（3）：69-71.

④ 张燕．教师是教育实践主体也是教育研究主体——兼谈幼儿教师怎样提高自身素质［J］．学前教育，1999（8）：4-5.

是伴随幼儿教师学习的深入研究逐渐受到重视的，研究者们逐渐关注到与教师成长关系最为密切的教师工作场所，试图从幼儿园视域促进幼儿教师的专业学习与职业成长。

国外关于园本学习的研究大多集中在园本学习与教师专业成长以及园本学习的实现路径等方面。例如，约格夫主张园本学习对于教师专业成长具有重要的促进作用，他从理论知识与实践能力的互补关系中提出了教师园本学习的具体实现路径。[①] 赛克斯强调促进教师专业成长应该立足于学校本身，在实际教育教学工作中关注教师与学生之间的互动关系，促成两者的教学相长，以实现教师专业发展。[②] 克拉克和赫林斯沃斯详细论述了教师专业成长的模型，他指出园本学习是促进教师专业成长最为迅速而有效的方式，提出了促进教师专业发展的园本学习的具体实践方法及培育路径。[③]

伴随我国幼儿园园本培训、园本教研等实践的发展，以及我国幼儿教师教育与学习的深入、教师教育改革的深化等，国内关于园本学习的研究成果不断丰富，主要集中在教师学习共同体、园本课程开发等方面。例如，张捷和朱家雄强调促进教师学习首先应关注教师之间的合作关系，打造合作互利、共同成长的园本学习研修环境，其次应吸纳幼儿教育专家引领园本学习，促进幼儿教师理论与实践知识的增长，最后应培育幼儿教师关于学习、研修、管理的教师领导权，发挥园本学习中幼儿教师的主体作用，在此基础上建立园本学习共同体，促进幼儿教师园本学习。[④] 有研究指出幼儿教师专业学习与发展应将

---

① Yogev, A. School-based in-service teacher education in developing versus industrialized countries: Comparative policy perspectives [J]. Prospects, 1997 (1): 131-149.

② Sykes, G. Teacher and student learning: Strengthening their connection. In Darling-Hammond, L., and Sykes G. (Eds.), Teaching as the learning profession: Handbook of policy and practice [M]. San Francisco: Jossey-Bass, 1999: 151-180.

③ Clarke, D., Hollingsworth, H. Elaborating a model of teacher professional growth [J]. Teaching and teacher education, 2002 (8): 947-967.

④ 张捷，朱家雄．重构教师与教师之间的关系——建构园本教研共同体需调整的关系（二）[J]．幼儿教育，2005（19）：30-31.

园本课程开发的积极因素考虑在内，并指出两者之间互相促进的辩证关系，从幼儿园内部支持及幼儿教师自身职业素质的整体提升等方面给出了促进幼儿教师园本学习的一系列建议策略。

1.3.4 幼儿园教研管理研究

学习型幼儿园的构建是否能够取得成效，关键在于幼儿园对教师学习的管理。从幼儿园管理层面探讨教师学习，即对幼儿园教研管理的研究。显然，幼儿园教研管理与幼儿园教师学习管理是同源命题。由于既有研究关于这方面的研究多是用“幼儿园教研管理”来表述，较少使用“幼儿教师学习”的表述，所以此部分内容从幼儿园教研管理研究的视角审视幼儿园的教师学习管理问题，以期为学习型幼儿园的研究提供有益参考和借鉴。

有研究指出，应发挥园长的领导作用加强对幼儿园教研的管理，在幼儿园教研管理工作中特别强调园长的指引与引领，尤其是凸显园长在幼儿园教研管理中的设计者、引领者、学习者、管理者、组织者的角色定位。① 吴立保从社会资本的角度出发，提出应重视幼儿教师本身的社会资本因素、幼儿园教研环境因素，以及从整体的教研文化制度等层面推进幼儿园的教研管理，完善幼儿园的教研管理环境。② 还有研究从幼儿园教研管理制度出发，提出为保障幼儿园的教研工作有序高效推进，应建立年级教研制度、教研积分制度、教师集中教研制度、教研评价考核制度等一系列的教研机制完善幼儿园的教研管理，形成纵横贯通的全方位教研管理网络模式。③ 有研究以浙江省某幼儿园为个案考察了幼儿园的教研助力制度，指出在幼儿园教研管理

① 唐玉萍．加强修养，在园本教研中发挥引领作用［J］．学前教育研究，2005（11）：59.

② 吴立保．社会资本视野中的园本教研支持策略［J］．学前教育研究，2005（12）：41-43.

③ 石艳，潘虹岚，于玲．促进教师专业成长的园本教研管理［J］．学前教育研究，2010（4）：63-66.

中，要积极发挥幼儿教师的主观能动作用，以幼儿教师为教研管理的主要力量，实现幼儿园教研管理与幼儿教师学习研修的双重功能。还有研究指出针对不同的教研需求、教研内容、教研问题将幼儿园教研工作分组开展、分层次管理，根据每位幼儿教师的实际发展需求与水平，使幼儿园教研管理实现效益最大化。

从上述关于幼儿园教研管理的已有研究的分析来看，幼儿园教研管理的研究大多集中在幼儿园领导的引领、幼儿园教研管理方式的创新、幼儿园教研管理制度的完善、幼儿园教研环境的营造等方面，尽管学者们的研究侧重点各不相同，但幼儿园教研管理的研究也有其同一性，研究者们都强调幼儿园教研管理对于幼儿教师专业发展及幼儿园建设的重要作用，其出发点都是基于幼儿园本身的整体设计与组织管理，并且落脚点均指向幼儿园教师专业学习与职业发展。综上所述，幼儿园教研管理的相关研究为本研究提供了幼儿园学习管理的有益参考，指明了幼儿园在幼儿教师学习方面应从幼儿园层面给予支持与指导的总体管理思路。

1.3.5 文献述评

围绕研究主题，本书依据研究的隶属关系及研究近源相关性，对“学习型组织”“学习型学校”“园本学习与教研”“幼儿园教研管理”等相关研究进行了文献梳理。学习型组织与学习型学校的相关研究为学习型幼儿园的研究提供了整理思路设计及研究方向的参考，园本学习与教研及幼儿园教研管理的研究则为学习型幼儿园的组织结构内部运转提供了组织学的管理经验与借鉴。

关于学习型组织，国内外学者的研究主要集中在学习型组织理论的发展、学习型组织的模型建构，以及学习型组织的本质内涵与外延的探讨上，随着学习型组织的不断发展，研究者们逐渐转向学习型组织具体的实践探索，致力于追求学习型组织的持续发展。国外研究涉猎范围较广，在理论研究的深入及实践研究的探索方面，其研究成果均较为丰富。而国内的研究一方面在于早期对于学习型组织理论的借鉴与推广上，另一方面随着学习型组织理论越来越广泛地被引入国内，在我国一些地区有了一些学习型组织的实践探索。关于学习型学校的研究大多围绕学习型学校的内涵及特征、发展问题及影响因素等，研究较为分散，且主要集中于对中小学教育领域的尝试探索，对学习型组织在学前教育领域的具体实践探索的研究较少。伴随校本培训、校本研修、园本教研等方面的研究开始进入教育研究者们的视野，园本学习与教研及管理获得了学校和幼儿园教育改革等一系列研究成果。国外关于园本教研的研究较少且分布零散，在少之又少的研究中大多未对园本教研展开系统研究，多散见于教师教育的研究中，国内关于园本学习与教研及管理的研究成果颇丰，围绕园本教研、园本学习、教研管理方面展开详细论述，兼顾理论研究与实践研究，实践研究占主导。基于上述分析，本书力图对学习型幼儿园进行研究，以期为学习型组织及学习型学校等方面的研究做有益补充。

1.4 研究目的与研究问题

本书立足幼儿园改革创新发展的现实情境，以学习型组织理论取向为指导，对特定情境下构建学习型幼儿园的 L 幼儿园及参与学习型幼儿园建设的 24 位幼儿教师进行为期两年半的参与式观察及深度访谈。本书以学习型组织的构建实践及组织运行中幼儿园各参与主体的互动为切入点，探究该幼儿园创建学习型组织的过程。

探究学习型幼儿园的构建过程并彰显出其阶段性特征及运行形态的本质与意义，本书紧扣着研究目的所延伸出来的研究问题如下。

一是学习型幼儿园有着怎样的理论基础。通过对学习型组织相关文献资料的分析，了解幼儿园变革创新的发展历程，即学习型幼儿园是如何从学习型组织、学习型学校逐步发展而来的，学习型幼儿园的内涵特征以及发展阶段。

二是学习型幼儿园有着什么样的现实图景。通过参与式观察及半结构式的深入访谈，以L幼儿园为个案了解学习型幼儿园现状概况、运行过程及机制、现实困境及背后的组织学归因，获取学习型幼儿园的相关信息，从整体上勾勒学习型幼儿园的现实图景。

三是学习型幼儿园具有什么样的本质特征及实践逻辑。首先将访谈中的信息资料转换成文字，然后经过一次又一次地反复阅读，厘清学习型幼儿园构建过程中所实践的主题，然后再借由语言和文本的分析去发现隐藏在学习型幼儿园构建过程中的本质特征，通过呈现学习型幼儿园的发展阶段特征，进一步去发现学习型幼儿园构建的过程经验中有哪些关键要素或者典型事件发挥作用，以及探索这些关键要素是怎样发挥作用并影响学习型幼儿园构建实践的，最终梳理出学习型幼儿园实践背后本质的运转逻辑。

四是学习型幼儿园具有何种特定的理论模式。在文本分析的基础上，通过组织学的循环找到学习型幼儿园构建过程的阶段性的主题、组成结构及运转逻辑，从而构成学习型幼儿园的基本结构和理论模式，借由主题分析的方式去挖掘和反思学习型幼儿园的独特之意。

五是对创建学习型幼儿园具有哪些启示意义。在探寻和呈现学习型幼儿园构建实践过程的本质和意义的基础上，就如何帮助幼儿园变革创新及持续发展进行理论思考，针对幼儿园本身及幼儿园组织内部提出相关的建议，并为幼儿园转型发展策略的探索与实施提供一些建设性的借鉴。

本研究基于以上分析逐步展开，始终以上述研究问题为中心，然后通过对学习型幼儿园构建的实践过程及实施过程中关键节点的梳理，探求学习型幼儿园的实践全貌及运行形态，将蕴含在构建实践过程中的本质与意义呈现出来。

1.5 研究意义

随着全球学习型社会及终身教育思潮的兴起，学校教育改革转型的发展以及教师教育改革的发展仅仅追求国家层面的教育改革或课程改革、教学改革等难以实现学前教育的真正内涵式、特色化、优质性发展，更难以实现幼儿园的园本教育变革。所以，从幼儿园自身出发，着眼于幼儿园组织内部的学习管理与运行发展的教育变革是当前我国学前教育改革刻不容缓的探索与转变举措。本书不仅可以丰富和完善教育组织管理发展理论，深化学前教育改革及当代幼儿园转型理论的发展，还可以转变幼儿园创新发展路径，推动幼儿园不断追求园本发展，提升幼儿园教育发展质量，最终促进我国幼儿园组织发展层次以及整个学前教育质量的提高。因此，本书具有重要的理论意义和实践价值。

1.5.1 理论意义

一方面，本研究有助于完善教育组织管理发展理论。如果不讨论幼儿园组织发展及运行机制，就难以搭建起学习型幼儿园组织管理发展的理论架构，更谈不上推动幼儿园的创新变革发展。学习型幼儿园的发展阶段、结构要素、运行机制及园长和幼儿教师在学习型幼儿园构建实践过程中的交互等，无一不指向学习型幼儿园组织管理发展理论的薄弱之处，因此，本书着重针对以上问题展开深入研究，通过对学习型幼儿园进行深入的扎根理论分析，深入剖析、逐步厘清学习型幼儿园的具体构建实践逻辑，抽丝剥茧，阐明学习型幼儿园是如何一步一步构建起来并维持持续发展的，力求为学习型幼儿园发展的理论建构提供理论参考和依据，丰富并完善幼儿园教育组织管理发展理论。

另一方面，本研究有益于丰富学前教育改革及幼儿园转型的理论发展。早期的学前教育改革沿袭整个教育变革的发展趋势，往往是朝向教育及教育改革的两端发力，一边着力于高位的教育变革，或研究教育政策导向或研究先进教育理念引领；一边聚焦于微观上的教育举措，或探究课程教育改革，或研究课堂教育教学改革。这就造成了教育的承载主体——幼儿园的教育备受忽视，甚至无人问津。然而，伴随当前全世界范围内学校转型运动及教育变革的发展，幼儿园转型及立足于幼儿园本身的学前教育改革理应受到关注与重视，以实现幼儿园变革过程中其本身的主体价值与意义，也为幼儿园变革转型发展提供理论支撑，因此，本研究以幼儿园为主要研究对象，探索研究幼儿园变革及转型的发展路径，其研究成果可为幼儿园变革及转型发展的理论建构提供参考，丰富我国学前教育改革的理论框架及内涵。

1.5.2 实践价值

其一，有助于深化改革，促进幼儿园教育整体质量的提升。本研究所获得的学习型组织发展的现实图景及构建实践过程，学习型幼儿园的发展阶段、结构要素、运行方式及幼儿教师在专业发展中的作用机制等研究成果，有利于推进幼儿园教育改革，帮助幼儿园快速完成教育转型，实现幼儿园内涵式高质量、可持续的变革与创新发展，促进学前教育变革向纵深发展，提升我国幼儿园教育质量和整个学前教育的层次。各级各类幼儿园可根据自身发展水平与特色参考学习型幼儿园建设的成果及幼儿园的园本创新发展路径，实现幼儿园变革及教育转型，提升幼儿园教育质量。同时，我国教育行政部门也可参照本研究关于学习型幼儿园的构建实践成效及幼儿园创新变革发展路径，借鉴经验，顺势发展，因地制宜，为本区域幼儿园教育改革及学前教育深化发展提供相关的政策指导及建议，创建适宜当地学前教育发展的幼儿园改革环境，加强学前教育学科和专业建设，进一步调整并完善幼儿园改革发展方案。另外，各级各类幼儿园还可参考借鉴本研究的成果，指导幼儿园组织管理及园所内幼儿教师的专业发展，领导幼儿园持续变革，引领幼儿教师不断学习，促进幼儿园有序组织及高效运转，搭建幼儿园全园上下的终身学习平台，实现幼儿教师学习与管理的全面提升，通过不断改进幼儿教师的学习状态和职业行为表现，不断变革幼儿园组织管理方式与创新发展实践，实现更加持续、高效的园所发展。

其二，有助于强化幼儿教师知识管理，促进幼儿教师专业发展。幼儿教师专业发展经历了一个由被动到主动的过程，由原来的教师教育转变为教师学习，彰显了幼儿教师的主体价值与专业发展的自我觉醒。本研究契合了幼儿教师专业发展的理念及需求，专注于学习型幼儿园的构建实践及其过程中幼儿园组织与组织成员之间的主体交互，为幼儿教师的专业学习与职业发展提供创新发展思路。本研究中的学习型幼儿园通过帮助幼儿教师进行知识学习、知识分享、知识整合、知识创新等，实现幼儿园人力资源的优化管理，激发幼儿教师自主学习及幼儿教师之间的合作学习，实现幼儿教师的个体成长与群体发展。本书的研究成果在幼儿教师转变传统教师教育职权的观念，形成幼儿教师终身学习、相互协作学习与发展等理念，以及激发幼儿教师学习的热情与积极性等方面发挥着重要作用，可为广大幼儿园及幼儿教师等推动幼儿教师专业发展提供参考。

2 学习型幼儿园的研究设计

本研究试图探寻学习型幼儿园的构建实践过程。基于学习型组织理论，本研究采用扎根理论的研究和分析方法对资料进行分析和处理，并通过个案研究的编码分析与范畴的提炼，阐明学习型幼儿园的构建过程及其蕴含在背后的发展特征和运行形态的本质与意义。本章主要对研究设计进行详细论述，包括研究思路的规划、研究样本的确定、研究方法的选用、研究资料的收集与整理、研究数据的分析与范畴的提炼、研究质量的控制等方面。

2.1 研究思路的规划

本研究以武汉市 L 幼儿园为主要研究对象，遵循“学习型幼儿园的构建实践过程——学习型幼儿园的总体实然状态——学习型幼儿园深层次构建机理——学习型幼儿园的优化路径”的研究逻辑，旨在揭示当前学习型幼儿园构建的实践逻辑，为学习型幼儿园的建设提供具有指导意义的重构思路和模式。本书主体共分为五个部分。

第一部分为学习型幼儿园的理论概述，一方面阐述了研究背景，为后续研究做铺垫；另一方面对学习型组织相关核心概念进行了界定，并为本研究的理论分析工具做了详细说明。在此基础上，对本研究的研究目的、研究问题、研究意义进行了总结概括。

第二部分是学习型幼儿园的研究设计。本章主要包括研究思路、研究样本、研究方法、研究资料、研究数据以及研究质量。其一，交代了本研究的结构安排；其二，研究资料的收集与整理，具体阐明本研究所使用的参与式观察与深度访谈两种田野调查方法，并对调查搜集到的资料进行归纳分类和梳理；其三，研究数据的分析与范畴的提炼，对研究资料的编码处理与范畴提炼分析的方法与过程进行了详细说明；其四，说明了研究样本的选择依据，并详细介绍了研究对象；其五，对保证研究的可靠性和研究伦理做了说明。

第三部分主要展示学习型幼儿园的现实图景。首先，全面介绍了L幼儿园建设学习型幼儿园的概貌特征；其次，分析学习型幼儿园的形成过程和运行机制；最后，分析学习型幼儿园的现实困境，并剖析其背后存在组织学理论的原因。根据武汉市L幼儿园构建学习型幼儿园的实际情况，从整体上总结出学习型幼儿园的实践效果。通过上述步骤，从横向层面描绘出一幅完整的学习型幼儿园构建图景，为后续研究提供事实依据。

第四部分主要分析学习型幼儿园的构建路径，通过对武汉市L幼儿园扎根理论分析，深入剖析、逐步厘清学习型幼儿园的具体构建实践逻辑，抽丝剥茧，阐明L幼儿园是怎样一步一步将学习型幼儿园构建起来并维持持续发展的。本部分主要包括变革领导、共同愿景、赋权增能、共享实践、合作学习、持续支持等内容，论述了学习型幼儿园的构建过程，从纵向发展层面揭示了学习型幼儿园的运行逻辑。

第五部分在前文研究的基础上以L幼儿园为个案进行扎根理论建构，发展出学习型幼儿园构建的理论模型，并据此提炼出学习型幼儿园的结构特征及运行程序。最后，提出优化学习型幼儿园构建的策略，以期为完善学习型幼儿园提供一些建设性意见。

2.2 研究样本的确定

本研究选取L幼儿园为个案进行研究。个案研究中研究样本的选择并不是随机的，而是遵循其特定的研究标准。基于这一点，本研究综合考虑研究样本的特殊性与研究宗旨的指向性，确立了本研究选择研究样本的标准，同时也是田野现场的选择标准，主要包含两个方面：一方面，研究个案要具有典型性的特点；另一方面，田野现场要具有教育情景化的特点。

2.2.1 追求典型性的研究个案

在个案研究中，典型性是个案所必须具有的基本特征。但是，当前学术界对于个案研究最大的质疑主要集中在所谓的“代表性问题”上，这也是其面临的最普遍的批评，即否定批判个案研究的研究信度及研究规范的问题。事实上，关于个案研究的代表性问题其实是个“伪命题”，从这个意义上讲，对于个案研究代表性问题的质疑的反击就迎刃而解不复存在了。因为个案研究是以某一个体或者组织为研究对象，分析个案的类属行为或者问题，以揭示对这一特定行为或者问题的理解及认识，而非追求对于事物的总体认知。因此，个案研究追求研究对象的典型性特征，即选取的个案所体现的是某一特定现象的属性，个案研究是对于这一特定现象，而不是普遍意义上的代表性特征的表征及解释。正如社会学家罗伯特·K. 殷所言，个案研究的过程实质上是“解剖麻雀”的过程，旨在追寻事物的典型意义，对某一个案进行深入、细致、全面的研究，其对应的研究主要是解释性研究或者描述性研究。[①] 换而言之，个案研究作为一种常用的社会学研究

---

① 〔美〕罗伯特·K. 殷. 案例研究——设计与方法［M］. 周海涛，史少杰，译. 重庆：重庆大学出版社，2017.

方法，由于其注重对某一类别现象的解释性、描述性、探索性研究，必然成为定性研究的有效研究工具，而定性研究的研究对象显然不需要像定量研究那样强调统计学意义上的代表性。相反，从某种意义上讲，追求典型性本质上就是定性研究的代表性，也就是其研究的普遍意义。从这点上讲，将定量研究的代表性问题生硬地嫁接到个案研究的定性研究上来，更甚者将其作为质疑个案研究对象的选择标准甚至否定反对整个个案研究，那么似乎就显得一叶障目了，这其实是对个案研究方法的逻辑基础的误解。个案研究方法的逻辑基础不是统计性的扩大化推理（从样本推论到总体），而是分析性的扩大化推理（从个案上升到理论）。[①] 综上所述，在个案研究中，研究对象秉持的是定性研究所特有的典型性特征，而非传统统计学意义上的代表性。

在明确了研究对象的典型性特征之后，具体应如何选择具有典型性的研究个案呢？这就涉及个案典型性的具体表现形式。这也契合了罗伯特·K. 殷关于典型性的本质意义论证，即“典型性是关于某一类共性的集中体现”。因此，确定典型个案的前提基础便是区分共性类型的表现形式。关于个案研究的共性类型主要有：指向普遍现象的集中性典型、指向反常现象的极端性典型，以及指向未知现象的启示性典型。另外，对于个案研究的选择原则是与共性表现一一对应的。以与本研究密切相关的指向普遍现象的集中性典型为例，对应的是集中性标准。而集中性是某一类别现象的主要特征和属性的典型研究载体，并对这类现象进行集中表征。[②]

本研究根据指向普遍现象的集中性典型原则标准，选取“典型类别现象中的集中代表案例”。[③] 从幼儿园变革发展的这一学前教育改革

---

① Yin, R. K. Case study research: Design and methods [M]. London: Sage, 1994.

② 王宁. 代表性还是典型性？——个案的属性与个案研究方法的逻辑基础 [J]. 社会学研究, 2002 (5): 123-125.

③ 〔美〕莎兰·B. 麦瑞尔姆. 质化方法在教育研究中的应用：个案研究的扩展 [M]. 于泽元, 译. 重庆：重庆大学出版社, 2008: 44.

中定位至学习型幼儿园的田野现场，深入剖析学习型幼儿园的构建实践过程，追寻学习型幼儿园的典型意义，对学习型幼儿园进行深入、细致、全面的研究，解释与揭示学习型幼儿园构建实践背后的本质意义与价值。这也契合了巴顿的个案研究抽样标准——当我们使用典型性地点抽样时，就意味着这个地点是特意选择的，因为它不是非典型的、极端的、离奇的或者是高度反常的。

2.2.2 扎根情境化的田野现场

对于质性研究的理解是基于一定的田野现场的，离不开特定的情境。本研究旨在以幼儿园为主体开展学前教育改革研究，这就要求在幼儿园场域这一特定教育改革情境中开展。因此，研究者应当深入扎根到幼儿园场域下的教育改革情境中去，逼近和揭示教育事实，以实现更加深入更加真实的学习型幼儿园研究。

情境化的田野现场也就是学习型幼儿园的整个生活世界，即在幼儿园这个固定的背景下开展的追求实现学习型组织的活动，而不能仅仅将幼儿园作为研究客体单拎出来。相反，要考虑学习型幼儿园的整个生活世界，包括它的背景场域及与学习型幼儿园构建相关的事物之间的各种复杂的联系等。那么，全部的生活世界到底是什么呢？显然，生活世界应该包括日常生活的情境，但这并不等同于生活世界。正如有研究指出，“生活世界是指那些鲜活的、富有生命意义的，并能够为经验所直观而尚未被抽象的概念所规定的，原发的、原生态的情境”。[①] 德国哲学家哈贝马斯以社会哲学视角详细阐释了生活世界理论，他指出，应将生活世界的含义与理解过程相联系，尽管生活世界的各个主体是分散的、独立行动的，但应在固定的背景下进行主体交互的过程中对生活世界进行理解。生活世界中的成员依托这种理解对客观世界、个体与他人交互的主观世界以及主体内部划分的社会世界

---

① 宁虹．教师成为研究者的现象学意识［J］．教育研究，2003（11）：64-68.

进行划分。[①] 在这个基础上，他认为生活世界由文化、社会和个体所构成，所谓文化是这个系统中的行为准则或者指导价值观，赋予系统理解事物的意义；社会则是这个系统中的合法秩序，系统中的成员依照合法秩序行动，进而巩固系统的联合关系；而个体则是系统中的一个个独立的主体，获得系统特有的语言及行为的能力权限。在这个逻辑基础上，生活世界中的文化、社会和个体三者密切相关、相互作用，形成统一的完整的系统。由此推及幼儿园教育改革情境，学习型幼儿园不仅包含其所在的幼儿园这一个单纯的场域，而且涵盖更广范围、更深层次的幼儿园的整个生活世界，即学习型幼儿园构建实践的学前教育改革的田野现场，学习型幼儿园的文化存在、社会秩序，包括幼儿园领导及幼儿教师等在内的所有构建学习型幼儿园的参与主体，文化、社会和个体对于幼儿园教育改革的作用力，以及上述内容之间的相互作用力等。总而言之，基于学习型幼儿园的田野现场的这个幼儿园系统中，学习型幼儿园的生活世界具有内在的一致性、统一性。尽管如此，教育改革情境的本质并不存在于抽象的理论或分析系统中，而是存在于极其具体的真实生活情境中，应该在生活世界中寻找。

因此，本研究扎根情境化的幼儿园教育改革的田野现场，理解幼儿园作为学习型组织在构建实践中的实际幼儿园教育改革现象，以尽量保证本研究在研究程序、研究过程和所取得的研究结果等方面经得起逻辑追问和实践检验。综上所述，本研究的研究对象定位为学习型幼儿园，但不仅仅指向幼儿园这一客体，还将研究学习型幼儿园的整个生活世界，包括学习型幼儿园在构建实践过程中发展起来的文化，构建学习型幼儿园逐步建立起的所要遵从的社会秩序，学习型幼儿园这个生活世界中的具有能动性、发挥主体建设作

① 〔德〕哈贝马斯．交往行动理论·第二卷——论功能主义理性批判［M］．洪佩郁，蔺青，译．重庆：重庆出版社，1994：101-102.

用的人，以及学习型幼儿园各层面之间的相互作用。简而言之，选择情境化的学习型幼儿园的田野现场不仅仅将幼儿园这一客体作为研究对象，更是对学习型幼儿园这一系统的完整的“生活世界”的考量与调研。

2.2.3 样本概况

一是关于幼儿园，本研究选取湖北省武汉市L幼儿园作为研究样本。本研究选取L幼儿园为研究样本主要基于以下考虑。L幼儿园地处武汉市，是该省首批省级示范园，综合实力雄厚。该园成立于2006年，成立之初为国有民办幼儿园，沐浴国家学前教育三年行动计划的春风于2014年秋季转为公办园，并更名为HS区实验幼儿园，2016年在HS区教育局的领导下，采取名园办分园模式，开办分园。目前，HS区实验幼儿园共有L本园和Z分园两个园区，本研究选取的是L幼儿园，共21个教学班，在园幼儿660名、教职工116名，其中教师均为大专及以上学历。园内各种设施齐全，是一所保教设备先进、师资配备优良、各项管理规范的优质幼儿园，在本地区享有良好的社会声誉。

从L幼儿园发展的历程可以看出，其发展非常迅速，除了得益于国家学前政策及地方政府的支持领导外，幼儿园本身的创新变革发挥了巨大作用，其锐意创新、不断变革、持续发展的这一园所发展特点也是本研究选取L幼儿园的重要原因。L幼儿园摸索学习型幼儿园发展之路也切合了本书的研究主题。另外，在幼儿园及幼儿教师的学习教研方面，L幼儿园有丰富的科研经验和强劲的教研实力，近年来L幼儿园主持多项国家级、省部级、市级课题项目，均顺利结题且在幼儿园教育理论与实践等方面取得了较为显著的成果，尤其在创新改革研究及幼儿园研修学习等方面具有典型性和代表性。此外，L幼儿园是省、市、区三级教育科研实验基地，是区域带头园，并且由园长牵头成立了名师工作室，由此造就了一支科研水平高、专业素质强的教师队伍，为幼儿教师学习及专业成长打下了坚实基础。同时，幼儿园的区域辐射能力强，对于建成学习型幼儿园后发挥园所创新变革及长远发展的联动作用明显，利于建设区域内幼儿园网络研修社区。该园目前正在开展学习型幼儿园创新变革探索，这也成为作为探讨参与项目的幼儿教师的学习与专业发展情况的“水之源”“木之本”。

二是关于幼儿教师，本研究采用便利抽样与标准抽样相结合的取样方法，选取 L 幼儿园幼儿教师作为访谈对象。其中，访谈对象的筛选标准为：第一，幼儿教师作为学习型幼儿园建设团队的主要成员，长期参与学习型幼儿园建设活动，将参与学习型幼儿园构建活动的幼儿园园长、分管副园长、教研主任、外部专家学者、主班教师、配班教师、园内教研员等人员涵盖在内；第二，学习必须是学习型幼儿园项目的核心主题，而不能只是研究中的某一个方面，将与非学习导向的幼儿教师共同体，如兴趣小组、社团活动团队等排除。其中，有效访谈对象 24 人，具体情况如表 2-1 所示。

表 2-1 访谈对象一览

类别	姓名	职务
幼儿园领导	L_1	园长
	L_2	教学副园长（书记）
	L_3	后勤副园长
	L_4	常务副园长
幼儿园教研人员	R_1	教研主任
	R_2	科研员
	R_3	科研员
指导专家	S_1	学前教育领域教授
	S_2	学前教育学专业博士

续表

类别	姓名	职务
教育行政人员	C_1	省教科院学前教育研究室主任
	C_2	区教育局学前教育科长
	C_3	区教育局学前教育教研员
幼儿教师	T_1	幼儿教师（主班教师）
	T_2	幼儿教师（副班教师）
	T_3	幼儿教师（副班教师）
	T_4	幼儿教师（主班教师）
	T_5	幼儿教师（副班教师）
	T_6	幼儿教师（副班教师）
	T_7	幼儿教师（主班教师）
	T_8	幼儿教师（副班教师）
	T_9	幼儿教师（副班教师）
	T_{10}	幼儿教师（主班教师）
	T_{11}	幼儿教师（副班教师）
	T_{12}	幼儿教师（副班教师）

2.3　研究方法的选用

本研究秉持定性的研究方法取向，选择扎根理论方法论，以武汉市L幼儿园为个案，描述学习型幼儿园的概貌特征、运行过程及运行机制、现实困境、组织学归因等，深入剖析学习型幼儿园的构建实践过程，并进行理性分析，以判断其教育管理变革的价值取向。

2.3.1　坚持定性的方法取向

定性研究坚持客观描述研究对象的实际发展变化表象，以及研究对象本身对待这一事物发展的真实态度及体验等，并对包括研究者在内的所有在场对象与事物表象及其背后隐藏信息进行深入分析与研究。一般地，定性研究通过“描述归纳法”来总结概括和归纳提炼蕴含在特定研究过程中的研究理论。为获取翔实的原始资料，定性研究要求尽量还原事物的原始状态，研究原始状态下研究对象的变化。换句话说，研究者自身即研究工具，会深入研究过程中展开细致描述，以求尽量呈现研究对象的真实情况，且通常会依附于当时情境下的独有的语言样貌，以原汁原味的方式展现研究对象的多样性及层次性，保持客观且多渠道对资料进行搜集，进一步整理并处理数据，进而形成理论。定性研究通过深入细致描述解释的方法，以及客观还原真实情境的价值取向，依托观察记录、访谈对话、现场笔记等方式研究分析事物的表征及其发展变化过程，并以此为依据理解、揭示蕴含在事物背后的本质意义。[①]

本研究选取定性研究的扎根理论研究方法为主要研究范式，对学习型幼儿园的构建实践展开研究。扎根理论要求渗透到实际情境中，构建贴近实际经验的中层理论，而不是空泛的宏大理论或仅限于微观的经验实证分析，这填补了两者之间的空白。[②] 换而言之，扎根理论研究强调深入真实的情境中，对研究行为的过程展开详细阐释，通过多种渠道搜集原始资料，并对其进行整理分析提炼，最终形成理论。[③]而且，研究者在扎根理论研究中要具有极为敏感的理论抽象意识，不断思考及抽象提炼研究理论，同时在这个过程中不断进行比较归纳与提炼，直至呈现前后一致性较高的研究结论，且这一研究过程是循环往复、不断精进的。在这个基础上，这种情境导向和过程意识的研究方法所构建的理论才具有较强的现实解释力。Glaser 指出，扎根理论对抽象问题及其（社会）过程的研究具有方法优势，尤其适合在特定

---

① 孙世梅．小学语文教师教学价值取向研究——以 F 小学 20 世纪 80 年代四位特级教师为个案［D］．东北师范大学，2018．

② 吴毅，吴刚，马颂歌．扎根理论的起源、流派与应用方法述评——基于工作场所学习的案例分析［J］．远程教育杂志，2016（3）：32-41．

③ 凯西·卡麦兹．建构扎根理论：质性研究实践指南［M］．边国英，译．重庆：重庆大学出版社，2014．

情景下，反映社会现象的真实情景。[①] 扎根理论研究方法强调过程研究，指向研究的发展阶段及不同层面，力求阐明研究对象的发展变化“过程”。[②] 因此，基于研究对象“情境导向”和“过程意识”的双重性质，本研究采用扎根理论的定性研究方法对学习型幼儿园的构建实践过程，以及蕴含在过程中的运行形态机制与本质意义，展开教育学情境过程的研究。

2.3.2 选择扎根理论方法论

扎根理论的定性研究方法由巴尼·格拉泽（Barney-Glaser）和安塞尔姆·施特劳斯（Anselm Strauss）率先提出，旨在基于原始资料的归纳概念和命题，自下而上建构理论。也就是说，在系统收集资料的基础上，寻找反映社会现象的核心范畴，然后通过在这些范畴之间建立起联系进而形成理论。格拉泽和施特劳斯明确提出了扎根理论的研究思路，倡导基于数据研究发展理论，而非依赖已有理论演绎出验证假设。以往的研究大多致力于用理论阐述现象以及检验理论的发展，而扎根理论研究者们则认为理论应该从数据和资料中获取，基于数据和资料的理论不仅能够完美地适用实证情况，而且在预测、解释、说明、应用等方面能够起到良好的效果。扎根理论挑战了当时主流的研究范式，研究者确定研究的主题后，先不进行理论假设，而是慎重选择研究对象，通过和研究对象的交流，获得第一手资料，对原始资料进行归纳、总结、提炼、概括，进而形成理论。[③] 国外学者将扎根理论广泛应用到社会科学研究等各个领域，并倡导采用质性研究方法和量化研究方法相结合的形式进行科学研究。在我国，定性研究

---

① Glaser, B. Basics of grounded theory analysis: Emergence vs. forcing [M]. Mill Valley: Sociology Press, 1992: 129.

② Morse, J. M. Designing funded qualitative research [M]. Newbury Park, CA: Sage, 1994.

③ Walker, D., Myrick, F. Grounded theory: An exploration of process and procedure [J]. Qualitative Health Research, 2006 (4), 547-559.

萌芽于20世纪初的社会调查实践，此后研究者们从方法的具体操作层面对定性研究进行了大量探讨。扎根理论定性研究方法在我国发展相对滞后，但近年来研究成果逐渐增多。概言之，扎根理论中蕴含着丰富的西方哲学思想，起初主要用于社会学领域的现象问题研究及理论构建，而后其被进一步拓展到医学、教育学、经济学、管理学等不同学科领域，并形成了三个主流学派。[①]

经典扎根理论学派是扎根理论的创始学派，经典扎根理论的前提基础是理论来源于数据，强调要避免设置先入为主的假设而造成研究过程具有倾向性，[②] 避免研究中主观意识影响研究过程及研究结果而造成偏差，为保证研究及理论的客观性，该学派主张对研究的原始资料、一手数据进行不断的对比归纳，从而形成理论。程序化扎根理论学派在经典扎根理论学派的基础上发展而来，不同之处在于，程序化扎根理论极为重视数据，主张寻找数据并从中发现规律，深入挖掘数据的因果关系，充分体现了解释主义的理念。建构型扎根理论是在经典扎根理论和程序化扎根理论之后诞生的，建构型扎根理论学派结合了前两者的观点，提出对于客观存在的数据的分析可基于人的主观认识，被人所建构，在保证不偏离客观现实的前提下，可发挥主观能动性。本研究采用建构型扎根理论的研究方法，对研究样本及数据资料进行研究分析。

2.4 研究资料的收集与整理

扎根理论研究依靠数据资料的真实性及丰富性而被赋予存在意义，因此广泛且客观地收集研究资料是扎根理论得以成立的根本与关

---

① 刘涛．国有商业银行差异化战略对运营绩效促进效应研究［D］．江苏大学，2017：47-64.

② Glaser，B. G.，Strauss，A. L. The discovery of grounded theory；Strategies for qualitative research［M］．Chicago：Aldine Transaction，1967：1-18.

键所在。[①] 因此，为保证数据资料来源于原始的自然情境，且具有广泛性，资料搜集的过程是循环往复的。这是由于在不断搜集资料的过程中研究者同时要保持理论的敏感性，对获取的资料不断进行分析与处理，对比信息进而抽象概念，为形成清晰而系统的扎根研究理论不断补充数据，这就意味着在资料数据的搜集与整理过程中，除了要不断去整理分析原来获得的资料数据外，还要补充新的资料数据，不断筛选更为客观、全面的数据信息，抽象出新的范畴，进而丰富理论。[②] 因此，田野调查既是实地获得文化理解的方法，也是通过观察自然状态下事物发展变化进行研究的技术手段，这与扎根理论研究的资料搜集过程高度契合。

田野调查凭借其明显的研究方法技术优势，成为人类学研究最基本的研究方法之一。因此，田野调查对研究者的要求也相对较高，要求其必须在与研究对象相当熟悉的情况下，深入扎根到真实的自然状态下，且完成相当一段时间的观察与参与式体验，这就要对研究者进行专门的系统的人类学训练。在这个过程中，为实现研究者理论与实践的联通整合及融会贯通，研究者不再以局外人的姿态来做研究，而是真真切切地参与到研究对象的所有行为活动及社会建构实践过程，以局内人的视角更加深入地理解阐释研究对象与其行为活动以及隐藏在背后的本质意义。总的来讲，扎实做好田野调查是人类学研究领域最为基本的研究方法要求，常常被比喻为学术上的“成年礼”。[③] 自2015 年至 2019 年，历时长达 4 年的时间里，研究者先后 6 次对武汉市 L 幼儿园展开实地调研，归纳而言，大致概括为两个研究调研阶

① 马续补，郭菊娥，宁静．基于扎根理论的企业战略活动执行路径［J］．西安交通大学学报（社会科学报），2016（3）：54-60.

② 朱丽叶·M. 科宾，安塞尔姆·L. 施特劳斯．质性研究的基础：形成扎根理论的程序与方法［M］．朱光明，译．重庆：重庆大学出版社，2015：30-35.

③ 李红婷．无根的社区 悬置的学校——大金村教育人类学考察［D］．中央民族大学，2010.

段：第一阶段，2015 年 9~10 月和 2017 年 9~10 月两次对 L 幼儿园进行田野调查。这阶段的田野调查重点对幼儿园园长及分管领导、上级教育行政部门领导及教研员、学前教育专家学者、幼儿园教研主任、幼儿园课题项目组长、幼儿园内部分幼儿教师等进行了深入细致的访谈，并进行了为期两个月的参与式观察，与学习型幼儿园构建实践成员（包括试点班级教师、幼儿、教研员、学前教育专家学者及分管领导等）共同参与园所建设的所有在园活动。调研结束后整理了大量的访谈录音以备研究需要。第二阶段，包括 2018 年 3~4 月、2018 年 9 月、2019 年 4 月、2019 年 9~10 月，共计 4 次田野调查。这一阶段进行了更为标准化及严密性的调研，为撰写本书做完整翔实的专业研究补充，具体包括文献资料搜集整理、半结构式的深度访谈与参与式观察等具体方法，直接收集一手数据。

2.4.1 参与式观察

本研究采用参与式观察的研究方法对学习型幼儿园的构建实践活动展开细致、深入的调研，力求深入、细致地阐明学习型幼儿园的构建实践过程及其蕴含在背后的本质意义。研究者以学习型幼儿园构建实践的参与教师身份进入现场，直接参与学习型幼儿园构建实践的所有教育教学及其他社会活动，在自然状态下同研究对象一起完成各种相关的行为活动，观察和体验武汉市 L 幼儿园在建设学习型幼儿园过程中各种实践活动与发展变化，并且在这一过程中研究者不断审视自己的局内人的研究角色，时刻保持自身能在深入参与活动的同时从现场的行为活动中抽离出来进行理性思考与客观研究，排除掺杂主观臆断色彩，在“现场经验和观察的基础上对所研究的问题进行不断的修正”。[①] 本研究中的参与式观察主要包括在小

① 丹尼·L. 乔金森. 参与观察法——关于人类研究的一种方法［M］. 张小山，龙筱红，译. 重庆：重庆大学出版社，2015：76-79.

组研讨会中的正式观察和在研究现场行为活动中的随机的非正式观察两种方式。

关于研究的正式观察，其主要是对于小组研讨会的观察调研。研究者在明确告知研究对象并得到允许的情况下，对学习型幼儿园的研讨会议进行全程录音或录像，完整记录会议内容，并将其转录成文字资料进行整理，进而对其做贴标签处理和初步的归类编码分析。在对资料数据进行初步整理的过程中，研究者还将对田野观察现场的关键问题及焦点事件进行初步的抽取及记录，撰写观察摘录表，为后续的数据分析及范畴提炼做好相应的研究准备工作。因为观察摘录实际上就是对原始资料进行简单的整理与提炼，摘出现场发生的主要内容以满足研究的需要，通过撰写观察摘录表发挥参与式观察的工具性价值。① 以武汉市 L 幼儿园 2015 年 10 月的一次专题交流会议为例，研究者与组织成员一同参加此次会议，并与组织成员就学习型幼儿园构建的某一具体议题展开详细的研讨。会议结束后，研究者将会议录音转录成文本后进行整理，剔除与研究无关的信息。例如，会议途中组织成员谈及幼儿园某位家长对幼儿在园用药规定的反应，尽管这在此次会议中吸引了成员的注意力并引起了幼儿园领导的高度重视，且耗费了长达八分钟的时间展开讨论，但这显然与学习型幼儿园构建的研究没有任何关系，因此未将此信息囊括记录范围内。在简单整理资料的基础上，研究者还将原始资料进行归类整理，精简资料数据的存储空间，将会议研讨的要点摘录，抽取有关学习型幼儿园建设的最为重要的相关信息。最后便是记录和整理观察摘录表，就在整理资料过程中逐步浮现出的一些关键性的议题，如“专业引领作用”“教师学习管理”“个人愿景与共同愿景的关系”“组织管理决策机制”等进行摘录处理，并将某些特殊的焦点性的议题进行总结思考，以便在后续

---

① Miles，M. B.，Huberman，A. M. 质性资料的分析：方法与实践［M］. 张芬芬，译. 重庆：重庆大学出版社，2008：217.

的研究中对这些问题或者实践进行引申与丰富。而本研究的非正式观察数据实际是对幼儿园领导及幼儿教师参与各项有关学习型幼儿园构建实践活动的现场行为及表现的记录。其中包括研究者参与学习型幼儿园建设活动过程中的有关教育教学活动的现场记录、幼儿园领导的工作部署纲要、幼儿教师日常工作反思日记及个性化的职业发展规划、学前教育专家学者的活动思考笔记、组织成员间的日常交流等各种形式的非正式的观察笔记，研究者定期就这些观察笔记进行研究资料数据的首轮简化整理，通常采用对资料数据进行列标题、写要点、分品规的研究方式。[①] 另外，研究者在非正式观察中还采用网络沟通方式，如微信、电子邮件等获取资料数据，需要说明的是，凡是被研究者采用的资料数据都以正式形式告知研究对象，征得同意后保存原始资料。以上采用正式观察与非正式观察所获取的资料数据同访谈资料数据一并进行数据的编码处理。

2.4.2 半结构式的深度访谈

本研究采用半结构式的深度访谈方式，对被访对象展开访谈并在明确告知研究对象且得到允许的情况下进行全程录音，完整记录访谈内容，其中包括 24 个访谈样本，每个样本的访谈时长约 30~120 分钟不等。对于研究的访谈问题则采用高结构化问题与低结构化问题相结合的方式，兼顾研究内容的规定性与开放性。具体而言，一方面，研究者采用高结构化访谈方式收集被访对象的基本信息、研究对象的特定的客观情况，准确阐明学习型幼儿园组织管理与运行发展等方面的特征。另一方面，研究者在田野调查过程中更多地采用高结构化的访谈方式，对学习型幼儿园构建实践过程中的一些焦点问题或者关键事件进行挖掘及追问，尽管低结构化访谈问题在表达方式或提问角度上较为开放和灵活，涉及研究范围更广、研究深度更深，但研究者始终

① 金琳．学习共同体中教师研究者成长案例研究［D］．苏州大学，2016：57-58.

围绕既定的研究提纲展开访谈。由此，研究既能够深入挖掘原始资料，又可以在访谈现场灵活运用研究工具及时捕捉超越现象的丰富的资料信息。除此之外，为了促使访谈对象卸掉思想包袱，研究者采用上述论述中的参与式观察的研究方式，加入学习型幼儿园构建实践活动中，以组织成员的身份自然引入话题，尽量减少被访者进行防御性回答。

研究者将访谈资料转录成文字资料进行整理，在这一过程中保持理论敏感性进行不断反思，并对访谈问题等进行不断调整和改进，进而对其做贴标签处理和初步的归类编码分析。这一“访谈—整理反思—再访谈”的过程不断循环，直到本阶段结束，理论雏形基本形成。研究者与其他三位研究人员多次研讨分析，最终确定本书的主要访谈内容，并根据访谈情境和被访者的情况进行灵活应用，具体如下：被访者所在幼儿园的学习型组织管理情况及效果评价。问题有：幼儿园的组织结构有何变化？幼儿园的组织管理有何变化？幼儿园的组织运行有何变化？这些变化对幼儿教师有哪些方面的影响，对幼儿园整体有哪些方面的影响，对幼儿园建设学习型组织有何影响？被访者所在幼儿园影响学习型组织形成、运转、管理等方面的因素，以及这些因素对幼儿园带来的影响。问题有：哪些方面促进了你或者组织的成长发展，组织成员学习与专业发展及幼儿园组织变革发展的动力分别有哪些？哪些方面阻碍了你和幼儿园的学习或发展？这些因素或者问题是如何促进或阻碍你的学习与专业发展的，又是如何影响幼儿园组织的管理、运转及发展的？

2.5　研究数据的分析与范畴的提炼

本研究在数据分析阶段，采用扎根理论研究的基本范式，其中主要借鉴建构型扎根理论学派的编码方式，即依托客观的原始资料，同时发挥研究者的理论抽象的主观能动性对数据资料进行编码分析。在对资料数据进行初步收集与简单整理之后，依照规范的操作程序对已经获取的资料数据进行进一步的分析与处理，其中主要包括三个级别的编码，即开放编码、主轴编码、选择编码。概而言之，这一阶段对原始资料首先进行关键词句抽取，在此基础上进行粗略划分形成散落在资料数据中的自有节点。然后将这些自有节点做进一步的归纳分类处理，在这个过程中始终保持理论敏感性，以便抽象出较为聚焦的核心编码节点。在此基础上，对核心编码节点重复上述分类、归纳、抽象的过程，提炼出更为聚焦的更高层级的类属概念，以实现对原始资料的逐层抽象化和概念化。① 最后，反复对比各个核心节点及类属概念，梳理其中的逻辑关系以及它们之间的交互作用，最终建立扎根理论模型，形成理论。在这个过程中，各级编码的整理、归纳、对比、抽象等过程是逐级展开推进的，每一级的编码都是在上一级编码的基础上进行的，同时又是下一级编码的来源，因此从整体上看研究数据的分析及编码的过程是逐步推进的。与此同时，整个数据分析及范畴提炼的过程又要求研究者保持理论敏感性，反复对比、抽象才能最终形成理论，因此这个过程又是循环往复、不断上升的。综上所述，扎根理论的数据分析过程实质上是研究者与研究资料的不断“对话”过程。本研究采用 Nvivo 11 软件对研究的内容和主题进行编码与分析，根据搜集到的参与式观察及访谈音频资料建立编码方案，以找到学习型幼儿园构建实践逻辑及各种影响因素。具体而言，通过对原始资料进行开放编码及主轴编码的分析处理，获得学习型幼儿园的 6 个核心范畴，并对这 6 个核心范畴逐一梳理分析；选择性编码以幼儿园园长、学前专家学者、上级教育行政领导及教研员、幼儿园分管副园长及教研主任、幼儿教师、新加入的幼儿教师等为质询条件进行选择性编

① 陈向明. 质的研究方法与社会科学研究［M］. 北京：教育科学出版社，2006：58-63.

码分析，对比、抽象、分析出学习型幼儿园构建实践的逻辑关系以及它们之间的交互作用，即如何交互促成学习型幼儿园组织的形成、发展及运转，最终建立扎根理论模型，形成理论。其中包括17份参与式观察音频资料、51份非正式观察音频及文字资料、24个访谈样本资料（其中20个访谈样本作为正式材料，另外4个访谈样本的资料留作检验理论饱和度）以及其他原始资料，并对其统一进行数据分析处理，一并编码贴标签。

2.5.1 开放编码

开放编码是将所获得的数据记录逐步进行概念化和范畴化，用概念和范畴来正确反映数据内容，并把数据记录以及抽样出来的概念打破、揉碎并重新综合的过程，其目的在于指认现象、界定概念、发现范畴。对原始语句概括得到大致的类属后，再将其抽象为初始范畴，并以此反映数据内容。换言之，为了生成、系统化、重组概念以及识别、界定、确定初始范畴，需通过分析原始数据、概括归类、抽象概念这一过程得以实现。反复梳理概括后，经过多次整理分析，本研究最终从资料中抽象出总体设计、领导变革、学习引领、支持服务、向心凝聚力、价值展示、远景追求、近景目标、专业指引、协调组织、分享权力、共同决策、反思质询、观摩研讨、教学研究、信任延宕、情感连接、群体导向、物质文化、规范文化、观念文化等21个范畴，具体如表2-2所示。

表2-2 学习型幼儿园开放式编码示例

原始语句	概念	初始范畴
当前幼儿园处在转型发展的关键时期，所以作为园长我首先是对幼儿园发展做了整体规划，先有了构建学习型幼儿园这样一个思路，然后从幼儿园管理的各个方面进行设计，涉及支持条件、组织保障、组织结构调整等方方面面	统筹规划，全局思考设计	总体设计

续表

原始语句	概念	初始范畴
老师们自主权力就比较宽裕，施展空间也多，就能够放开手脚，施展拳脚，大胆去做、去尝试。这不就相当于集思广益、广开门路了，只不过是在悄悄地循序渐进地进行幼儿园改革。其实不需要我去干涉太多，老师们自己就能自我发展的。我做得越少，老师们就做得越多。我们所有的老师，这一大批锐意创新的改革者，在带领着幼儿园向前发展	领导模式转变，寻求创新变革，求发展，放权	领导变革
她经常出去学习，学完回来就会跟我们讲有什么新的教学实践、新的理论知识会在幼儿园试着推行，还会请高校的专家来进行指导，请教那些教授什么的。园长自己都那么博学了，还那么爱学习，我们老师有什么理由不努力呢	带头学习，示范引领	学习引领
有些事情她都不会具体指导你什么，完全是教师自己拿主意，她经常说的一句话就是“跟着你自己的思路走，我相信你的判断”。这下就更有干劲儿了，就是那种完全被信任的感觉……而且她总是给我们各种支持	自我学习与发展，保障支持条件	支持服务
不能参差不齐的，一盘散沙成不了什么大气候，要好就一起好，虽然平时是分成了6个小组，但还是同一个班级，展示的是一个整体。有句话很通俗，但话糙理不糙，大家好才是真的好。各个小组都好了，咱们试点项目大家庭才会好，试点团队好了，咱们幼儿园才能更强大	心理归属感，集体效能感	向心凝聚力
我想我们得先告诉老师们什么是我们的目标，并且得是明确告知，再不能放任自流，含糊不清了。你会发现，明确告诉他是最直接的办法，而且最有效	集体价值观，战略目标	价值展示
我们L幼儿园的共同愿景是“以培养幼儿学习能力，促进幼儿全面发展为终极目标，以增进教育效能及专业发展为全体幼儿教师的职业追求，以合作分享、持续学习为幼儿园建设发展理念”。……把老师们的教育智慧调动起来，加入老师们的力量去建设学习型幼儿园，我们每个老师就是创造者，都贡献创新力量	高远追求，愿景维持与更新	远景追求

续表

原始语句	概念	初始范畴
当然这不是喊喊口号就行的，还要细化、要分解。比如说，先从最简单的来，最容易上手。首先就是个人不断学习的那个态度，时刻保持学习保持进步，我们不光要求老师们这么做，先从领导们（管理层）开始，带头示范，而且我们不停地强调，大会小会上讲，然后考评老师，这也起个监督作用	阶段性目标，小步骤，分阶段	近景目标
中午碰头开会，轮流发言说小组遇到的问题、进展，还有一些特别的感悟什么的，S_1 教授会针对每位老师做出点评、指导，还会提出一些问题	高位引领，点评指导，修正工作思路	专业指引
要我加入这个项目中来，辅佐 S_1 教授推进项目，帮助老师们真正参与进来……和她一起开展小组活动，开始她并没有拿出老教师的架势教我怎样做，在我进行不下去的时候，她才接手过去，解决了我的燃眉之急	搭建沟通桥梁，分享团队沟通组织技巧	协调组织
大家都很有想法，而且每个组的主题、进度都不同，就提议每次重点讨论一个组的活动，由这个组的老师主持研讨会议，这样子就大家轮流主持了……你的任务着急些就你先说，他的问题棘手些就他先说，没有规定谁当主持，谁是领导，我们项目组的老师都是领导，都可以主持	自发担任领导，轮流主持，分享领导权	分享权力
调一批新加入的幼儿教师到原班级团队中，共同协作发展。换言之，两个班级的成员相互交叉，而后两头同时推进，但研讨学习仍一起开展	接纳新成员，共同分担	共同决策
记录表的左边是幼儿表现，右边是解读，写下孩子的成长、进步或者说是发现的问题、活动结构的调整方向，最下面是备注，这个地方就写下自己的感悟或者疑惑，还可以写自己想到的应对措施、新的点子什么的，只要你觉得有用，什么都可以写	反思日记，相互质询	反思质询

续表

原始语句	概念	初始范畴
现在的观摩课都是随时可以来的，更准确来说是观摩活动，不用为了给别人看提前准备，是什么样就是什么样，不用弄虚作假。他们从旁观者角度观摩，好的地方就学习，不好的地方就提出来改进，有疑惑的时候还可以跟小组的老师讨论，所以大部分是有老师观摩的时候，小组活动进展更好，人多力量大，两个人的智慧总比一个人强，况且别人总是可以看到自己看不到的问题	听课心得，教学借鉴与相互指导建议	观摩研讨
是根据孩子们的兴趣，原来都是千篇一律的季节、气候、节日这些每个幼儿园都差不多的主题，现在完全不一样了，我们要切实发现孩子们真正感兴趣的，不是根据教材上有啥就教啥，而是孩子们自己去决定，真正放开来，孩子们很有想法，他们的思维相当敏锐	教学实践导向，理论知识与实践知识融合	教学研究
毕竟老师们上课也不愿意被人听，特别是有外面的专家、领导，害怕、有抵触情绪这个也正常。当然有阻力，有些幼儿教师还是抗拒排斥，关起门来的时候还是愿意用原来那一套	封闭式自我保护，独自享有教师职权	信任延宕
宗旨就是相互学习一起处理，为了解决问题甚至相互“找碴儿”发问也是很常见的，当然不会有芥蒂，这是我们之间的默契，问题越多，大家反而会更好	对话环境，相互协作分享，良好的交际与学习氛围	情感连接
从这个整体上去引导，这样就给老师们一个引导，就是集体利益是最大的，也就减少个人得失的计较，或者针锋相对的冲突，一荣俱荣，一损俱损。还有就是老师们在一起共事合作学习的时候，团队不允许批判他人，特别是个人攻击，涉及个别老师的时候，尽量不给评价，只给建议意见	任务导向，维持导向	群体导向
园里就把整个二楼一般的办公室挪出来，给教研小组做专门的研讨室，而且时间上也固定下来，每天早上八点之前的半小时组会，每周五下午三点的教研会	时间与场域持续性，网络化的智力资源系统	物质文化

续表

原始语句	概念	初始范畴
后面开始考核加分，不过都是集体加，就是说我们这个试点小组的教师都是一样的，这真的蛮好的，小组老师都明白这一点，只要搞好整个项目就会更好，不会因为晋升这些搞得不愉快，还因为项目活动搞得还不错被评为区里的优秀教师	教研范式，评估考核制度	规范文化
在一些问题上我有自己的看法就会讲出来，不用有什么顾虑的，因为大家都知道工作就是工作，当然问题是问题，我尽量不去指出某个人怎样，对事不对人是起码的尊重和原则。在现在的研讨会上，会觉得更敢说	和谐开放的环境，自由合作学习的氛围	观念文化

2.5.2 主轴编码

主轴编码是在开放编码的基础上，进一步对初始范畴进行抽象分析处理，对核心范畴编码节点重复上述分类、归纳、抽象的过程以提炼出更为聚焦的更高层级的类属概念，依序提炼核心范畴与类属，并表明原始数据和初始范畴之间、初始范畴与核心范畴之间、核心范畴与类属之间的类属抽象关系。本研究通过主轴编码分析，将 21 个初始范畴进一步抽象提炼为 6 个核心范畴，即变革领导、共同愿景、赋权增能、共享实践、合作学习、持续支持。在对学习型幼儿园的构面进行深度分析时，再将 6 个主范畴归为三个类属，即心智改善层面、结构重组层面和文化重构层面，具体情况如表 2-3 所示。

表 2-3　学习型幼儿园主轴编码系统

类属	核心范畴	初始范畴
心智改善层面	变革领导	总体设计
		领导变革
		学习引领
		支持服务

续表

类属	核心范畴	初始范畴
心智改善层面	共同愿景	向心凝聚力
		价值展示
		远景追求
		近景目标
结构重组层面	赋权增能	专业指引
		协调组织
		分享权力
		共同决策
	共享实践	反思质询
		观摩研讨
		教学研究
文化重构层面	合作学习	信任延宕（反向）
		情感连接
		群体导向
	持续支持	物质文化
		规范文化
		观念文化

2.5.3 选择编码

选择编码是系统整理质性数据与资料并形成理论的过程，是资料数据编码的最后一环，也是扎根理论数据分析的最终落脚点。进而言之，选择编码本质上是在开放编码和主轴编码的基础上，将已经提炼抽象出的核心范畴及类属进一步归类整理，对其进行凝练，更深层次更广范围地思考各范畴、类属之间的关系，围绕已有的范畴寻找范畴之间的本质逻辑，最终形成理论的过程。在扎根理论研究中范畴的提炼并不是随机的，而是具有其特定的研究范式与操作标准。因此，本研究的选择编码的扎根理论分析过程中，为保证研究的规范性与客观性，同时请三位研究人员分别对已经建立起来的开放编码和主轴编码结果，即本研究的自有节点与核心范畴进行了再次的回顾与研判，并对其反复进行范畴归纳的自我提问与反思，如“研究的最核心的范畴问题是什么”“范畴之间的关系是怎样的”“哪个范畴处于研究的中心位置”“哪个范畴处于其他范畴的关联位置”“哪个范畴可以贯穿始终且不随其他范畴的变化而变化”“哪个问题可以实现所有类属关系的抽象表征”。研究人员围绕数据资料，在反复回答上述问题的过程中，逐步发现并明确了本研究的核心问题，即“学习型幼儿园构建实践”。在确定了核心范畴“学习型幼儿园构建实践”之后，以完整的逻辑表示本研究诸范畴之间的复杂关系，而逻辑表征的过程正是理论形成的过程。在此基础上构架发展出学习型幼儿园构建实践的理论框架，即本研究扎根编码的最终模型——学习型幼儿园构建实践模型。后文将详细阐述学习型幼儿园的理论构建模型，故此处不再赘述。

2.6 研究质量的控制

定性研究方法最易受到质疑与批判的便是研究信效度的问题，这也是多年来定性研究方法饱受争议的地方。[①] 随着定性研究愈加受到学者们的青睐与重视，研究者对于定性研究的了解及运用越来越广、越来越深，关于定性研究质量的问题也迎刃而解。由于各种研究方法的研究范式不尽相同，其各自所用的科学研究标准也就不能简单机械地一概而论，更不能用自然科学研究的标准衡量社会科学研究的方法、过程和质量，尤其是定性研究这种强调以对作为主体的人和事物现象的理解为逻辑起点的研究方法。因为定性研究的研究基础并非追求广泛的具有代表性的客观真理，而是在于理解与剖析人和现象，并

① 陈向明．质的研究方法与社会科学研究［M］．北京：教育科学出版社，2006：63.

赋予研究对象价值和意义。[①] 反过来讲，定性研究有着自然科学研究难以达到的研究层面与意义，能触及更深层次的研究深度，从这点意义上看，定性研究也弥补了自然科学研究对于细微现象的深入剖析及研究的不足，在研究范式上更加完善了研究理论与研究实践。本研究选取定性研究方法，旨在揭示学习型幼儿园这一社会现象的意义与价值以及学习型幼儿园中的人的认知与思考，而整个定性研究过程中，包括资料数据的收集与整理、数据的分析与处理、范畴的提炼与理论建构、研究意义与价值的解释与揭示等在内的各个环节均离不开研究者本人的阐释，因此研究者本身也成为本研究的研究工具，这也是由定性研究本身的性质所决定的。基于上述分析，为保证研究质量，本研究严格遵循定性研究的常用规范，主要包括研究可靠性的保证、研究伦理的谨守和研究程序的规范操作等三个方面。

第一，关于研究可靠性的保证，本研究采用长期深入扎根田野调研现场，研究过程中采用三角互证法，尽量直接引用本土化语言的原始数据，撰写研究反思日志等方式展开研究。一是研究者长期深入扎根田野调研现场，长达 4 年的时间里，研究者先后 6 次对武汉市 L 幼儿园开展实地调研，调研时间跨度大，一方面保证了资料数据的丰富全面与细致深入，另一方面也使本研究更多地关注到研究的过程性及研究的深度，反复核对、反复阅读、持续分析的研究更易凸显研究对象的意义与价值。二是本研究在研究过程中反复采用三角互证法，其中主要包括被访对象与原始资料之间的验证和各类资料数据之间的验证。一方面，关于被访对象与原始资料之间的验证，主要是指每次访谈结束后，研究者均将收集到的资料返还至受访对象，受访对象可就某些方面对访谈资料文档提出修改要求或者补充意见，征得受访对象同意并在其确认无误之后才将其归档。也就是说，研究过程中尽量克

① 陈向明．质的研究方法与社会科学研究［M］．北京：教育科学出版社，2006：58-63.

服研究者本身的主观臆断等干扰因素，以保证资料数据的真实性。另一方面，各类资料数据之间的验证是在对比不同的资料库搜集到的资料的基础上，如包括小组研讨会的会议记录、有关教育教学活动的现场记录等正式观察材料与包括幼儿教师日常工作反思日记、组织成员间的日常交流等深度访谈资料，进而寻找不同资料数据库之间的相互支持、相互支撑的关系，对数据资料的可靠性、真实性进行验证。与此同时，本研究借助 Nvivo 11 软件对收集到的庞杂烦冗的研究资料数据进行分类管理，实现所有数据能够纳入排序分类与结构化，使得研究过程更加科学规范。三是直接引用本土化语言的原始数据。本研究在研究结果的呈现、研究过程的分析与讨论等部分中大量引用原始资料数据，尽量还原研究现场的真实的原始的状态，借以研究对象的本土化语言原汁原味地将其加以展现出来，对研究中起重要作用的关键人物、关键事件、关键时机等详细描绘和刻画辅之以翔实而细致的案例呈现，以保证研究数据资料的真实性，提升研究的透明度与可读性，保证本研究的研究质量。四是研究者在整个过程中坚持撰写研究反思日志。研究者在研究过程中撰写研究反思日志以不断审视自己的局内人的研究角色，排除掺杂主观臆断色彩，及时发现研究者的主观偏见并尽可能地加以修正，时刻保持自身在深入参与活动的同时从现场的行为活动中抽离出来进行理性思考与客观研究，提升本研究的研究质量。

第二，关于研究伦理的谨守，本研究坚持基本的研究伦理原则，采用多种方法以保证每一位受访对象及参与人员的每一项权益，如自愿参与权、知情权、隐私权等。具体而言，其一，本研究坚守受访对象均享有自愿参与权益和自愿退出权益的参与原则，保证受访对象在研究开始前根据自己的意愿和兴趣自愿参与，同时在受访过程中的任何时候均可以自由退出。其二，本研究采用口头和书面告知等形式保护受访对象的知情权，研究者以正式书面形式告知受访对象本研究的研究目的、研究内容及受访对象参与过程中所享有的权利，并将每次访谈结束后、日常交流中或网络交流中等所产生的凡是被研究者采用的资料数据都以正式形式告知研究对象，征得同意后保存原始资料，以保证研究过程中受访对象的各项权益不受侵犯。其三，研究者为保护受访对象的隐私权，本研究的研究成果均采用代号的方式呈现，并且对研究过程中涉及的一些具体信息也做了模糊处理和置换关键信息的处理，以全面保护受访对象的个人隐私。

第三，在研究程序的规范操作方面，为检验编码的信度与效度，研究者采取编码比较方式，这种方法强调同一份资料需由多人进行编码，然后比较他们之间编码的一致性。数据分析工作由三位研究人员共同完成，对所有访谈资料分别进行了独立编码。运用 Nvivo 11 中的“查询”—“编码比较”功能对研究资料的各个维度进行了编码比较。其一致性系数介于 0.741 与 0.908 之间，这表明研究者对自由编码及其归属到核心编码的确认程度存在较高的一致性，研究结果可信具体情况如表 2-4 所示。

表 2-4　核心节点译码编码评分一致性结果

核心节点	变革领导	共同愿景	赋权增能	共享实践	合作学习	持续支持
一致性系数	0.881	0.741	0.749	0.805	0.908	0.763

3 学习型幼儿园的现实图景

学习型幼儿园在以人为本、发挥优势、彰显特色的基础上，积极营造和谐、开放、包容、支持性的组织环境，成为促进学前教育优质发展的新路径并得到社会广泛认同。一些幼儿园将理论付诸实践并构建了学习型幼儿园，实现理论与实践的融合与创新，L 幼儿园则是其中典型。

基于此，以 L 幼儿园构建学习型幼儿园的实践为例，深入分析阐明当前学习型幼儿园发展的整体概况，以期提供一个整体的横向构面的学习型幼儿园发展的现实图景。基于以上原因，本研究选择 L 幼儿园作为研究个案，下面将从学习型幼儿园的概貌特征、运行过程、运行机制、现实困境及组织学归因等方面入手，概览学习型幼儿园构建发展的总体情况。

3.1 学习型幼儿园的概貌特征

学习型幼儿园是一所什么样的幼儿园？它与传统的幼儿园有什么不同？所谓的学习型学校，是以学习为取向进行学校革新与发展，重视学校各层次的学习，在共同愿景下，进行团队学习、改善心智模式、鼓励所有成员自我超越以及系统思考的学校。学习型幼儿园作为最初学段的学校，具有学习型学校的共性，也有其独特的地方。概括而言，学习型幼儿园从发起到执行再到逐渐成熟，需要经历一个漫长的过程，在这个过程中又表现出幼儿园独有的学习型特征。通过对L幼儿园进行深入扎根分析，可以从以下几点描绘和刻画出当前学习型幼儿园的概貌特征。

3.1.1 组织领导：园长既是组织的设计者，又是学习的领导者

领导是学习型幼儿园改进过程中一个至关重要的组成部分，园长的管理角色是建设学习型幼儿园的关键因素。研究发现，L幼儿园园长在幼儿园发展的站位上，力求创新变革，锐意进取，对于幼儿园应何去何从，园长既具有较为高远的眼界，又能够立足实践，统筹幼儿园的方方面面。另外，学习型幼儿园的园长还尤其注重对知识的管理及全体师生学习的管理。园长本身首先是一位不断学习、不断探索的学习者，坚持终身学习的理念，投身于持续学习的实践中，此外，作为领导者，园长又带领全体师幼一同学习，是学习的领导者，不断发挥学习的榜样示范作用。

在L幼儿园决定走上学习型幼儿园变革之路之初，园长就做好了领导角色方面的准备，从自身做起，高位引领幼儿园的创新与发展，担任学习型组织的设计师，为L幼儿园的长远发展布局谋篇，学习型幼儿园的每一步发展尽在园长的运筹帷幄之中。同时，园长又时时刻刻从自身做起，以学习者自居，不断学习、不断探索，成为全体幼儿教师的学习领导者。深入访谈发现，L幼儿园园长学习领导者的角色，不是一朝一夕建立起来的。多年来，L幼儿园园长始终如一地爱学习、求进步。成为学习领导者既有园长对于园内幼儿教师长期耳濡目染的影响，更为直接的是园长在决议构建学习型幼儿园之时，就对幼儿教师提出了学习、研究的明确要求，要求L幼儿园实现人人学习、处处学习、时时学习的学习教研文化。研究发现，L幼儿园对于

人人学习做得很出色，幼儿教师之间的学习氛围相当浓厚，然而在L幼儿园建设学习型幼儿园的实践中，处处学习以及时时学习还有待加强。学习基本上发生在固定的教研办公室内的教研会议中，其他工作时间段及工作环境中的学习氛围略微欠缺。简而言之，园长作为学习的领导者，还应提供支持性条件，促使幼儿教师去学习与实践，以真正参与到学习型幼儿园的建设中，这也是目前L幼儿园构建学习型幼儿园实践过程中正在努力的方向。

3.1.2 组织目标：注重创建共同愿景

创建共同愿景对于组织价值观的形成，尤其是对于组织凝聚力的强化具有重大影响。正如圣吉所说，建立共同愿景是组织成长的学习修炼。目前，L幼儿园的幼儿园集体愿景与幼儿教师个人愿景相容并生，调研发现，在学习型幼儿园共同愿景的创建及作用发挥方面，L幼儿园园长做出了巨大的努力，如强调幼儿园的共同愿景，以各种正式的或者非正式的形式告知园所内幼儿教师当前幼儿园的共同愿景是持续学习、不断变革，且将其具体化为一个个小的目标，小步骤、分阶段推进。而且，园长作为学习型幼儿园的领导者，发挥着带头作用，园长本身作为学习者不断学习、求知进步，向幼儿教师示范一个学习者应有的态度及行动，带领引导幼儿教师投身到自身的学习中去，以改善学习态度的心智撬动整个幼儿园建设学习型组织的决心及行动。另外，L幼儿园开展研讨会、教学交流会、同课异构培训、读书会等教研活动，引领及支持幼儿教师持续学习，不断渗透持续学习的集体价值观，也为幼儿教师的持续学习及幼儿园的不断革新提供了重要的支撑。

但是，从L幼儿园构建学习型幼儿园的实践情况来看，园长较为重视幼儿教师的个人专业学习成长与职业发展，给予幼儿教师发展的裕度空间较大，受园所文化推崇个人自由主义的历史原因的影响，幼儿园的共同愿景发展较为松散，尽管L幼儿园已经意识到共同愿景对于凝聚幼儿园教师队伍的重要作用，也明确展示了集体的共同愿景，但真正做到深入人心进而达成幼儿教师共同的心理夙愿与价值追求，并在构建学习型幼儿园的实践中得以发挥作用，切实实现尚需时日。深入访谈得知，L幼儿园幼儿教师也对此有所察觉与感悟，如T_3老师所说："园里一而再再而三地强调要有集体价值理念，共同学习进步，我也明白这样做可以双赢，但是有时候做起事情来，我首先还是关心自己的得失，有时候还是想先人一步。"从幼儿教师的访谈结果看出，学习型幼儿园共同愿景的真正实现可能还有很长的路要走，还需要幼儿园各方共同努力。

通过上述分析，可以将学习型幼儿园的特征归纳为注重个体研究的创建，这种组织目标上的集体价值倾向一方面起到凝聚力的作用，被管理者重视并采取各种举措加以强化；另一方面又在与幼儿教师的个人愿景之间的冲突矛盾中此消彼长，相互交融。同时，学习型幼儿园作为一个学习型组织，其组织的共同愿景追求为各方参与主体提供了更好的实践平台。

3.1.3 组织成员：参与主体具有多元化、异质性的特点

在学习型幼儿园中，参与主体呈现多元化、异质性的特点。L幼儿园构成主体有来自幼儿园的园长、分管领导、教研主任和幼儿教师，有来自教育主管部门的教研员和行政教科研单位人员，还有来自高校的学者教师、学前教育领域专家等。学习型幼儿园所有参与主体在价值认知、知识结构、思维方式等诸方面都存在着差异，这种异质化特点是学习型幼儿园得以持续和不断丰富的源泉，为学习型幼儿园的教育实践注入不竭动力。学习因多元、异质而精彩，多元、异质带来非平衡性，正是这种非平衡性促使学习型幼儿园从无序到有序，从不稳定到稳定，实现理解、分享和创新知识的特殊价值和功能。

调研发现，L幼儿园建设学习型幼儿园的过程中，园长发挥着设计者、领导者、支持者、榜样者等无法取代的重要作用，除此之外，分管领导、教研主任、教研员、专家学者、幼儿教师等均发挥着不可或缺的价值作用。比如，S_1老师、S_2老师等作为专家学者发挥着诸如教育理念指引及修正教育实践偏差等不可替代的作用，为L幼儿园指明了学习型组织发展之路，为其提供先进理念及高位引领，特别是在幼儿项目活动教育中，提出了教育实践中教师角色转变与专业反思等方面的指导。

这种多元化、异质性的特点与学习型组织的组织形式不谋而合。圣吉指出，团体是学习中的最佳单位，与个人学习最大的不同在于，团体学习有交互性。由于组织成员之间的交互作用，每个成员都可以从其他成员那里得到反馈，这属于探索式学习，这样每个成员的心智系统都能得到更新，使心智系统呈现流动性，相互强化各个成员的学习效果。一方面，学习型幼儿园组织成员的多元化、异质性为幼儿园建设学习型组织提供了发展可能与空间张力；另一方面，学习型幼儿园的多元化、异质性的成员交互也促进了幼儿园各方主体取长补短、相互促进、共同发展。

3.1.4　组织管理：注重幼儿教师的知识管理

注重幼儿教师的知识管理，是学习型幼儿园的显著特征。从目前L幼儿园的学习型组织的建设实践来看，对幼儿园内的幼儿教师学习的管理，是L幼儿园创新变革、构建学习型幼儿园努力的主要方向，其建设效果也最为显著。不同于传统的幼儿园单纯注重物质资源、财力资源等行政管理，学习型幼儿园将教师作为人力资源也纳入管理中来，并且将其作为首要管理的资本，发挥幼儿教师的知识潜力。知识管理包括知识学习、知识分享、知识整合、知识创新，学习型幼儿园中幼儿教师的知识管理是螺旋上升逐步递进的。

研究结果表明，L幼儿园经过了知识学习、知识分享、知识整合、知识创新等一系列知识管理过程，最终实现了学习型幼儿园人力资源的优化管理。L幼儿园以园长带头学习，实现人人学习，形成人人进行知识学习的幼儿园文化氛围，进而为知识分享奠定知识基础。深入L幼儿园调查研究发现，知识分享是学习型幼儿园对幼儿教师进行知识管理的关键核心，L幼儿园通过研讨、教学反思、观摩教学、小组活动、教研会议等诸多形式推进和支持幼儿教师之间开展知识分享，实现合作学习与共同成长，进而推动学习型幼儿园的知识整合与创新。

通过上述分析，我们可以看出学习型幼儿园对幼儿教师的知识管理，一方面，实现了人力资本的优化管理，强化了学习型幼儿园的师资力量，发挥了幼儿教师的主体学习作用。另一方面，提升了整个幼儿园的教育水平与发展质量，在彰显学习型组织的不断学习的主要特征的同时，也在向构建起真正的学习型幼儿园不断靠近。

3.1.5 组织环境：以学习为主要任务，营造学习文化氛围

学习型组织最基本的理念就是“学习”，这里的学习内涵丰富。从参与主体来说，包括与幼儿园相关的所有人员，即全员学习；从学习的层次来说，包括个人学习、团体学习和组织学习，尤其注重组织学习；从学习的内容来说，有显性知识的学习和隐性知识的学习；从学习的方式来说，有自我导向学习、相互学习、共同学习；等等。简而言之，就是要全员学习、全过程学习、团体学习。

从目前L幼儿园学习型组织的建设实践来看，学习型幼儿园注重为幼儿教师提供学习和发展所需要的物质条件，创造宽松的管理环境，来促进学习成长的组织氛围的形成。学习型幼儿园的组织环境注重幼儿园的学习氛围，主要有以下三个表现。第一，物质文化方面，其在学习型幼儿园建设过程中，不仅在前期建设阶段提供物质支持，

在后期维持提升阶段更是注重提供可持续、更高层次、更广意义的物质文化，以支撑幼儿园的全员学习。尽管L幼儿园做出巨大努力提供物质文化支撑，但由于幼儿教育任务繁重，全天候、无间歇的工作性质等，幼儿园在学习环境方面仍面临较大的挑战。第二，规范文化层面，为了提升幼儿园学习层次，深化学习型幼儿园改革，L幼儿园建立了良好的教研方式并将其常态化，形成园本文化传承下去，使其成为学习型幼儿园建设的助力。第三，观念文化层面，L幼儿园注重自由开放的学习文化氛围以及良好的组织氛围，促进师幼的学习活动，不间断地学习、强化成长的文化。

这种系统化、网络化、民主开放的幼儿园学习环境，尽管在一定程度上增加了园长领导幼儿园的难度，但从长远来看，其更有益于学习型幼儿园的创新发展及学习型组织的真正建成，同时为幼儿园领导者留下了发挥领导才能及其组织管理能力的裕度空间。

3.2 学习型幼儿园的运行

学习型幼儿园的构建对幼儿园变革创新发展，以及幼儿园内幼儿的学习发展、幼儿教师的专业发展等都带来较大的改善与提升。如前文所述，学习型幼儿园已经基本建立起来，要确保学习型幼儿园能够有序、持续发展，还需对学习型幼儿园的运行展开深入分析，梳理学习型幼儿园的运行过程，阐释学习型幼儿园的运行机制，进而揭示学习型幼儿园背后的运行形态本质，推进学习型幼儿园的发展更加完善和成熟。

3.2.1 学习型幼儿园的运行过程

学习型幼儿园作为学习型组织在学前教育阶段的运用，有着学习型组织运行发展的一般规律。组织的运行发展通常具有较为明显的周期性，也就是说，组织因应各种任务得以组建，又因任务结束而解体，包括成功达成目标任务或者任务失败而自行解体。已有研究关于组织生命周期有着不同的阶段划分标准，如：杰·凯特等人的五个阶段论，具体包括组织生命周期的发起、组建、设计、运行、解体等五个阶段。[①] 特洛伊·斯特等人提出的四阶段论，即组织运行发展过程包括识别、组建、运行、终止等阶段。[②] 还有一些国内外理论研究和实践经验表明，学习型幼儿园或者幼儿园的专业学习共同体的发展一般经历四个发展阶段：启动阶段、发展阶段、深入阶段和持续阶段。[③] 综合以上关于组织及学习型组织的运行生命周期阶段划分的研究，本研究在对L幼儿园学习型幼儿园构建实践进行深入扎根分析的基础上，将其划分为四个基本的组织运行阶段，具体包括计划阶段、筹备阶段、执行阶段和持续阶段。

（一）计划阶段

计划阶段主要有两方面的任务，一是诊断当前幼儿园发展的现状，二是确立幼儿园的总体发展目标。L幼儿园当前发展迅速，是省、市、区三级教育科研实验基地，是区域带头园，是一所保教设备先进、师资配备优良、各项管理规范的优质幼儿园，在本地区享有良好的社会声誉。L幼儿园是从2006年成立之初只有不足百名幼儿的小区民办幼儿园，尔后转为国有民办幼儿园，2014年在国家学前教育三年行动计划的政策下于秋季转为普惠性公办园，再发展成为HS区示范园、市级示范园、省级示范园，还由园长牵头成立了名师工作室。短短十多年间迅速发展成为区域内优质幼儿园，幼儿园的发展成效不

---

① Kanet, J. J., Faisst, W., & Mertens, P. Application of information technology to a virtual enterprise broker: The case of Bill Epstein [J]. International Journal of Production Economics, 1999 (1-2): 23-32.

② Strader, T. J., Lin, F. R., Shaw, M. J. Information infrastructure for electronic virtual organization management [J]. Decision Support Systems, 1998 (1): 75-94.

③ 易凌云，等．幼儿园专业学习共同体：基本特征与构建过程［J］．教育导刊（下半月），2012（11）：15-18.

言而喻。但是，深入访谈得知，L 幼儿园当前处在转型发展阶段，发展进程的迅速一方面使得幼儿园跻身于武汉市幼儿园前列，综合水平较高，但另一方面也使得幼儿园不可避免地发展得不够稳固，这就给幼儿园进一步的纵深发展带来挑战。L 幼儿园的 L_1 园长在访谈中谈道："L 幼儿园快速发展起来，取得的成果是比较好的，但是我们现在也面临深入发展的问题，如何建设成为更高层次的幼儿园，如何建设高水平有特色的幼儿园，如何提供更高质量的学前教育……都是当前我们面临的问题与挑战。"

在计划阶段，L 幼儿园立足幼儿园发展的现实情况，提出学习型幼儿园发展的总体方向，确立了发展学习型、合作型、持续变革的幼儿园的发展远景的总体目标，如搭建与教育信息化相适应的网上教育实践范例和创新路径，组建教师学习互助小组，助推幼儿园持续、优质、内涵、特色发展。到 2020 年，在全园范围内创建起 15 支学习型组织试点团队，吸纳全园 100 名左右幼儿教师，覆盖全园，通盘考虑，将全园试点组建成学习型幼儿园，着力推进学习型幼儿园的系统、持续发展。

（二）筹备阶段

筹备阶段在计划阶段的基础上，在实践层面上具体细化完成上一阶段关于学习型幼儿园建设发展的总体目标，逐步建立完善学习型幼儿园系统，具体内容涉及部署总体规划、创生共同愿景、确定人员组成、制定规章制度等方面。

第一，部署总体规划。基于发展学习型、合作型、持续变革的幼儿园的发展远景的总体目标，首先要对幼儿园进行通盘考虑，部署总体规划。那么，通过哪些方面的部署来实现理想的学习型幼儿园的图景，在筹备学习型幼儿园阶段，幼儿园做了详细的深入的谋划。具体而言，L 幼儿园将建设学习型幼儿园的部署划分出实施步骤阶段、支持保障举措、管理层分管责任等。以建设学习型幼儿园实践的支持保障举措为例，L幼儿园建立了物质支持、经费支持、技术支持、监督执行、管理指导、评估考核、固定研讨等机制，对学习型幼儿园构建实践的人、财、物实行一一对应的撒网式、全覆盖的部署规划。尽管L幼儿园在初步规划时不能保证做到面面俱到，但幼儿园管理层在总体规划时做了大致的部署划分，着眼长远，他们在一个较高的站位上通盘考虑，反复酝酿，慎重研究，为学习型幼儿园的构建实践做出长远规划。

第二，创生共同愿景。所谓共同愿景，指的是组织成员共同的价值观及目标追求，它将组织中的成员凝聚在一起，为共同目标任务的实现而自发努力，并且这个愿景是基于组织成员个体的目标追求及价值取向的，同时它又是组织群体的共同追求以及组织本身的长远目标，且贯穿在组织的整个行为活动过程中，使整个组织及组织成员的行为风貌具有同一性。概而言之，共同愿景是学习实践的焦点，也是其动力来源。[①] 因此，在学习型幼儿园的构建实践中，共同愿景发挥着极其重要的作用与价值。研究发现，在以园长为代表的L幼儿园管理层的指导下，学习型幼儿园在构建的过程中逐渐发现了共同愿景的这一重要作用。具体而言，学习型幼儿园构建过程中，基本建成了幼儿园的学习型组织的形式，但随着学习型幼儿园构建实践的进一步推进，深入研究发现，学习型幼儿园的共同愿景的价值与意义还未真正得以发挥，学习型幼儿园的灵魂力量尚未得以真正完全体现，因此，从这点意义上来看，学习型幼儿园的本质意义与价值并未真正得以建构出来，此时的幼儿园也就谈不上完全意义上的学习型组织。L幼儿园在意识到这点以后，随即做出举措创生具有他们幼儿园自治特色的学习型幼儿园的共同愿景，其主要是从幼儿园自身出发，一方面，凝聚幼儿园全体组织成员的心理力量，求同存异，从组织成员的归属感

① 〔美〕彼得·圣吉．第五项修炼：学习型组织的艺术与实践［M］．张成林，译．北京：中信出版社，2018：203.

及彼此之间的情感连接入手，创生学习型幼儿园的共同愿景。另一方面，幼儿园搭建组织成员共同成长的发展平台，提供更多合作学习、共享实践的学习与教研机会，改善幼儿园组织成员协作分享的、群体任务导向的工作方式，逐步将幼儿园组织成员个体的目标追求融入幼儿园整体发展的共同目标。从L幼儿园的具体实践情况来看，园长首先就创生共同愿景的问题以较为正式的全员会议的形式明确告知幼儿园全体组织成员，然后在幼儿园多个场合与情境中不断强化这一愿景及创建共同愿景的意愿，并通过各种形式的教育教学活动、教师培训活动、学习研修活动等进行共同愿景的建设，进而推进幼儿园成为真正具有学习型组织内涵精神的学习型幼儿园。

第三，确定人员组成。纵观L幼儿园以往变革发展的实践情况，可以看出幼儿园建园以来的变革主要集中在管理层的宏观管理变革方面，幼儿园内部幼儿教师大多时候是教育教学的执行者，并不参与决策或者掌握幼儿园的变革举措。而学习型幼儿园的构建实践最大的变革就是吸纳幼儿教师主体参与幼儿园的决策发展，共同为幼儿园的革新发展做出行动。因而，这场学习型幼儿园的变革创新之旅需要整个幼儿园的参与。同时，由于学习型幼儿园秉持着学习型组织中参与主体共同致力于学习型幼儿园发展而形成的一个动态的开放系统的特性，吸纳外部力量参与到学习型幼儿园的构建实践，以局外人的视角为学习型幼儿园构建实践进行诊断分析与指导监督等更有利于其实现高质、深入的发展。因此，在学习型幼儿园部署总体规划后，接下来就是吸纳人员加入学习型幼儿园建设的战略奋斗中，确定加入学习型幼儿园建设的教师合作学习共同体。学习型幼儿园的教师合作学习共同体指的是为了实现组织成员共同愿景或者共同的价值追求及目标，协作行动、合作共享工作实践，共同参与到学习型幼儿园建设中来的主体，其包括幼儿园领导及幼儿教师、学前教育领域指导专家和上级教育主管部门的领导及学前教研员等。以L幼儿园建设学习型幼儿园实践的团队成员为例，L_1 园长作为学习型幼儿园的总设计师，负责总指挥领导与管理；教学副园长（书记）L_2 负责学习型幼儿园的支持条件保障，主要负责调配幼儿园各项资源以全力支持保障学习型幼儿园实践正常运转；后勤副园长 L_3、常务副园长 L_4 负责幼儿园内物资的调配和供给，为学习型幼儿园的构建提供后盾支撑；教研主任 R_1 作为学习型幼儿园的团队负责人，负责领导幼儿教师开展项目研究；S_1 教授和 S_2 博士作为学习型幼儿园的专家顾问，为学习型幼儿园建设出谋划策、诊断调整学习型幼儿园的发展方向及步骤；区教育局学前教育科长 C_2 和区教育局学前教育教研员 C_3 作为学习型幼儿园的监管者，主要负责经费支持及幼儿园发展建设监督指导；T_1 老师、T_2 老师、T_3 老师等负责学习型幼儿园具体的教研教学活动实践执行等。L 幼儿园中构成主体有来自幼儿园的园长、分管领导、教研主任和幼儿教师，来自教育主管部门的教研员和行政教科研单位人员，还有来自高校的学者教师、学前教育领域专家等。学习型幼儿园根据不同的目标，在幼儿园自身领导和专家主动参与、行政部门引导的综合考量下建立了由多元主体参与的教师合作学习共同体。

第四，制定规章制度。学习型幼儿园作为一种促进幼儿园持续发展的组织形式，并没有终极的目标，实际上是一个不断前进的状态。因此，为了维持学习型幼儿园的不断学习与持续发展，幼儿园需要建立常态化的运行机制及保障性支持性的规章制度与学习教研范式。

一方面，关于学习型幼儿园的规章。幼儿园的规章以明文条例式的理性的方式规约着学习型幼儿园及其组织成员的行为，引导幼儿园向更高层次的学习型组织不断完善丰富，进而形成学习型幼儿园独有的园本文化，实现学习型幼儿园的持续发展。幼儿园同时为某些具体的研究学习项目以及学习型幼儿园的整体发展制定了学习型幼儿园发展的若干个章程，一般包括总则、组织机构、工作职责、附则等内容。另一方面，幼儿园确立了多种形式综合的学习型幼儿园构建推进方案。学习型幼儿园的构建包含不同方面，为进一步推动学习型幼儿园的系统建设，促进学习型幼儿园的时时学习、处处学习、人人学习，结合学习型幼儿园的发展现状和优势，需要制定学习型幼儿园组织、教学、研究联动发展推进方案。以 L 幼儿园 Y 项目为例，学习型幼儿园推进方案包括指导思想、工作目标、主要工作及措施、保障措施、学期具体活动安排。

总的来说，L 幼儿园在筹备阶段，从规章制度上为学习型幼儿园的构建实践做好了充分的开展实施准备，且 L 幼儿园为谋求本体的反思成长与长远发展，制规建矩，保留了翔实的文本资料，推动了学习型幼儿园的高质量发展，也为 L 幼儿园分园及区域内其他幼儿园的深化发展提供了范本。

（三）执行阶段

在执行阶段中，学习型幼儿园主要工作是遵守学习型幼儿园章程或学习型幼儿园推进方案的制度要求，确定研究主题，选择组织形式，实施及调整任务。

第一，确定研究主题。由全员参与学习型幼儿园构建实践的变革创新，应该如何执行，落到实地。针对这一问题，L 幼儿园首先确定研究主题，使得学习型幼儿园构建实践立足于幼儿园本身的教育教学实践，能够扎根实践，抓住具体实际的教育教学内容，使学习型幼儿园构建具有可依托性、可操作性，而不至于成为空有口号的号召或者虚无缥缈的上层政策文件。研究主题的选择则是来源于幼儿园当前的实际教学活动，同时引入幼儿园学习的先进理念及幼儿教师专业发展的目标，将理论与实践结合，结合学习型组织理论发展学习型幼儿园构建实践。在组织学理念指导下，学习型幼儿园的构建比较注重通过具体事物开展教育教学实践，以 L 幼儿园大班 A 试点“武汉长江大桥”项目为例，幼儿园选取幼儿感兴趣的武汉长江大桥作为建构游戏主题，该内容适合大班幼儿年龄特点。研究围绕这一活动主题，在教研活动中激励幼儿教师参与决策，既坚持“幼儿为本”的宗旨，又促进教师专业发展及各主体的交互学习，通过教研活动反思幼儿园的自身建设。这一研究主题关注幼儿园的主体性学习及学习型幼儿园的整体建构，且不规定具体的研究内容，给予幼儿园较大的探索空间，可以激发各参与主体的探究心理和求知欲望，促进学习型幼儿园各构建主体参与讨论，并从不同角度去探究、解答问题。

第二，选择组织形式。怎样将人员组织起来，共同致力于学习型幼儿园的构建实践探索，成为L幼儿园在实际执行阶段考虑的重要问题。为此，L幼儿园园长及分管园长、教研主任等幼儿园管理层多次研讨、反复研究，最终确立了以课题研讨为主，多种形式结合的组织实施方案。以大班组学习型幼儿园构建实践为例，L幼儿园在每学期伊始根据上一学期幼儿教师研修学习的具体情况及学习型幼儿园构建的经验与不足等，集中组织幼儿教师开展一次大型的全员参与的交流分享活动，尔后每半月组织开展一次此类交流分享活动，其交流会议的主题则是依据上半月以来的学习型幼儿园构建实践的活动内容或者上次交流分享会议遗留下来的问题而定，参会人员一般有幼儿园分管园长、幼儿园教研室成员、试点班级全部幼儿教师、两名参与研究的教育专家及区教育局教研领导，其中区教育局教研领导每两月参加一次，共同解决幼儿园管理、专业学习、教学活动、园所建设等方面的实际问题，采取集体研讨交流的形式，共同为学习型幼儿园建设出谋划策，力求使学习型幼儿园建设实现自我精进提升。另外，学习型幼儿园构建实践的其他组织活动穿插在日常课题研讨活动中进行，以一个学期为单位，基本上每个月开展一次，形式丰富多彩，如经验交流、活动展示、班级结对、交叉教研、同课异构、教学观摩、沙龙研讨、反思质询、实地指导等。其中，第一次为园例会，由幼儿园园长主持，主要针对本学期幼儿园学习型建设工作制定学期教学研究计划及整体部署；第二次为教学活动展示，采取试点研究项目在幼儿园公开展示的形式，由大一班主导组织开展幼儿园搭建活动；第三次是园本教研观摩与专家指导，以学前教育专家或者上级教育行政部门的学前教研员负责开展实地的具体性针对性的研讨与指导活动；第四次为交叉教研活动，采取了结对交流的形式，由教研主任支持，班组 A 班和 B 班幼儿教师成员组织开展；第五次是区教育局教研室组织的区域内幼儿园学期工作总结会议。在组织形式上多种不同的方式相结合，穿插进行开展，不但丰富了学习型幼儿园的组织形式，还能够吸纳更多专业人士，进而触及更大范围更深层次的研修与学习，完善学习型幼儿园组织，在各个过程中还潜移默化地培养了幼儿园组织成员的合作学习意识，将学习型组织的内涵精神渗透至日常的各种组织活动中。

综合上述研究分析可知，学习型幼儿园的构建实践很大程度依托于丰富多样的活动内容与组织形式。从数次构建活动看，幼儿园的主体性建设需求始终贯穿于 L 幼儿园学习型幼儿园的构建实践过程中，且将重点集中在构建学习型幼儿园实践的薄弱环节。除了上述丰富多样的活动内容与组织形式之外，L 幼儿园还不定期就某一焦点问题或者关键事件组织开展各种具有针对性的灵活多样的园所教育建设活动。例如，自我反思式的幼儿教师学习探讨、头脑风暴式的园所管理决策意见分享、园所建设成果及不足不记名式意见征集、抱团取暖式的结对帮扶交流指导等多样化的组织形式。L 幼儿园的园长在访谈中谈道，“学习型幼儿园构建实践肯定是扎根到幼儿园本身的教育教学实践的内容，通过课题研讨活动的开展，幼儿园老师可以开阔视野、提高自己的专业水平，还能为幼儿园建设出谋划策”。课题研讨主导的机制在学习型幼儿园中发挥着教师学习研修及学习型幼儿园构建的重要作用，直接关系到学习型幼儿园能否有序、高效运转。

第三，实施及调整任务。学习型幼儿园依据确定的研究主体，通过多种组织形式的展开，最终指向学习型幼儿园的构建实践任务。那么，实施任务成为学习型幼儿园构建实践的出发点和落脚点。L幼儿园组织全员群策群力，共同实施构建实践任务。组织幼儿园全体成员根据自身特色以及研究兴趣在上下联通原则下承担幼儿园建设任务。一方面幼儿园结合研究专长，积极提出承担学习及构建任务；另一方面在教师群体中具有较高威信或者较高职务的组织成员主动参与，积极支持。由此，在自上而下的积极组织与自下而上的主动参与的双重指引下，学习型幼儿园参与主体由开始的选任到逐渐轮流再到自由承担每日的研讨例会任务。随着时间的推移以及学习型幼儿园的日趋成熟与发展，幼儿园学习与实践的方向及主要问题等也在发生转变，因此，为了适应学习型幼儿园构建实践的发展，实施任务也应跟随目标及主要问题的变化而做适当的调整。L幼儿园任务的调整发展呈不规律性，主要是根据具体的幼儿园构建学习型组织的实践转向而进行，比如关键事件的发生、幼儿园本身建设发展的阶段性成就、人员的流动等都可以带来这种转变。以L幼儿园学习型幼儿园构建实践的人员的流动为例，2016年秋，L幼儿园开办分园，为保证幼儿园资源分布的均衡性和公平性，对幼儿园进行人事调动，尽管这种人事变动和幼儿教师的流动性对推进学习型幼儿园的改革实践和幼儿园的稳定性有一定的负面影响，但L幼儿园做到了组织上的及时、顺势调整，化不利为有利。L幼儿园统筹分配园内骨干幼儿领导及幼儿教师，由以专注幼儿教师学习、发挥管理层组织指导作用等幼儿园教师知识管理及梯队建设为主要任务，迅速调整为发展专注幼儿教师自我管理、相互学习促进及发挥中层领导的全面管理建设。总而言之，L幼儿园人员的流动带来幼儿园组织结构的调整，相应地，学习型幼儿园构建实践也从单纯的人力资源深化发展、师资队伍优化建设转变为组织的全方位提升及建设。当然，所有的实施任务都围绕学习型幼儿园构建实践展开，始终把幼儿园建设放在幼儿园考虑的首要任务上。

（四）持续阶段

不同于一般的组织最终会经历解体终结的阶段状态，学习型幼儿园初步建立起来之后，即完成了最初的任务目标后，其并不会因为目标的实现与任务的达成而走向组织生命周期的结束，而是会持续发展，且愈趋完善的学习型组织反而会愈加进一步发展，因为学习是永无止境的，学习型幼儿园作为学习型组织，其发展也是螺旋上升的。上一阶段的学习结果是下一阶段学习型幼儿园不断学习的基础，上一阶段学习型幼儿园发展的成果也将是下一阶段学习型幼儿园更加完善更加健全的发展起点，依次循环上升，不断追寻更高层次的更为理想的学习型组织的状态。每一个循环的完成都是这个时期学习型幼儿园发展的阶段性建设的成果，都将成为下一次循环的发展基础，为下一次的循环提供实践借鉴，为接下来更高层次、更广范围、更新目标的学习型组织建设做铺垫与积累。总而言之，这一阶段的主要内容是维持并提升学习型幼儿园的建设，为实现这一目标，L幼儿园主要采用固定研讨范式、建立评估考核、调整规章制度等举措。

3.2.2 学习型幼儿园的运行机制

学习型幼儿园的运行机制和幼儿园建设学习型组织的目标愿景一致，即以学习为取向进行幼儿园革新与发展，重视幼儿园各层次的学习，在共同愿景下，进行变革领导、赋权增能、合作学习、共享实践、持续支持，鼓励所有成员改善心智模式、自我超越、进行系统思考，努力实现幼儿园长远发展。为推动学习型幼儿园共同目标愿景的实现，幼儿园需将建立统筹调度机制、学习驱动机制、专家引领机制、合作共享机制、支持保障机制、考核评估机制等引入学习型幼儿园的构建与发展过程，确保学习型幼儿园的研究成果或问题能够服务于幼儿园，服务于学前教育，并不断得到提升和修正。

（一）统筹调度机制

学习型幼儿园作为学习型组织的一种，延续了学习型组织的管理精神内核，即系统思考、通盘考虑、统筹调度。幼儿园作为较为稳定的教育机构，具有统筹调度的先天优势，加上L幼儿园本身组织规模不大，更易于实现统一领导调配，组织实施学习型幼儿园建设。除了传统意义上的行政领导，幼儿园还关注教师知识管理，将人力资本纳入进来，将人财物统一安排管理，通盘考虑，举全幼儿园之力着力构建高质、特色、内涵的学习型幼儿园。以L幼儿园建设学习型幼儿园实践的人事安排为例，其确立了责任到人、轮流主持、结对学习、小组协作、组织学习等机制，为学习型幼儿园构建实践统一调配人力资源，在切实发挥幼儿教师积极参与到学习型幼儿园建设中的主体作用的同时，不让一个老师掉队、不让一个老师边缘化，做好学习型幼儿园的教师学习管理，专注学习型幼儿园知识管理，促进幼儿教师专业学习与发展，优化学习型幼儿园的师资队伍建设。在此基础上，L幼儿园的幼儿教师个体和群体以及整个幼儿园得以互相促进，实现学习型幼儿园及其幼儿教师的双赢与发展，构建起真正的人人都在学习的学习型幼儿园。

（二）学习驱动机制

幼儿园的管理与发展离不开人的推动，教育变革的持续推进需要一定的条件来驱动，这个条件可分为外在的与内在的，外在驱动力包括荣誉、金钱、晋升等外界物质性刺激，但对改革持续推动的效果有限。相反，若改革的实施者能从改革中获得满足感，因幼儿园教育改革的新变化、新体验而自觉参与探索，这种内在驱动力将增强改革的持续性。以内在的学习和研究创新为驱动的改革是推动幼儿教师专业成长和幼儿园持续发展的有效机制，需通过不断深化和持久的校本研究得以实现。

组织成员的自觉性是该机制运行的基础，培养组织成员的共同情感价值，形成组织自身文化，通过各种管理方法调动组织成员的内在自觉学习行为，以成员自身的主观能动性激活组织生命力是该机制的核心。组织内部的管理层与被管理层自觉养成内在学习行为，包括终身学习、团体学习、全过程学习，在工作与学习创新中达成平衡状态，通过贯穿组织运行全过程的内在学习行为形成团队凝聚力，进而实现组织共同目标愿景，激发组织创新活力。学习和研究创新动力机制的形成过程中，园长与教师科研理念的更新不可或缺。首先，园长要扎根实际，在主持推动具体的科研工作的过程中更新科研观，以适应新的管理模式下“以人为本”“开放互动”的要求。其次，园长和教师科研意识的建立是机制形成的有效保障，在日常工作中注重研究意识的渗透，将研究性工作融合于幼儿园日常工作中，通过课题研究的方式将改革实践贯穿于幼儿园工作的全过程。在该机制下，幼儿教师与管理者共同作为科研的主体，以实际需求为依托，从幼儿园改革实践过程中发现问题寻找课题，以科学研究的态度和方式解决幼儿园改革实践中出现的问题。这一过程的实现离不开科研主体专业素质的提升，通过教师与管理者的自觉学习行为，理论知识不再单纯作书面引用，而是内化为其内在专业需求，在实践过程中与自己的理性认识相结合，使得理论的学习和在实践中的应用成为一种自觉需要，最终在实践过程中实现创造，在此基础上以书面案例论文等形式将改革变化进行呈现。在该机制的推动下，教育改革研究自觉内化为研究主体的内在需求，不再是外在附加任务，研究性变革实践将初步形成，驱动幼儿园工作的开展。

（三）专家引领机制

专家引领机制即以教师为教研主体，专家（研究人员、教研人员、专家教师）给予必要的引领与协助，从而促进教师的专业成长。[①] 一方面，学习型幼儿园以自身优秀的幼儿师资队伍为主要力量，保证了学习型幼儿园内部幼儿教师间的横向同水平支持充足及相互示范借鉴；另一方面，L 幼儿园引进先进专业理念及专业技术指导等，吸纳幼儿园外部的专业智力资源，发挥纵向的专家引领机制的作用。具体而言，专家引领机制促使幼儿园寻求高层次教研主体或高校专家的带动引领，可有效解决因教师发展水平带来的问题。在该机制的运行过程中，专家学者借助学习型幼儿园教师的行为反思，促使改革实践不断调整跟进，促进教师的专业成长及幼儿园的可持续发展。

在建设学习型幼儿园的实践过程中，L 幼儿园尤其注重发挥外部专家的高位引领作用，逐步形成了专家引领的幼儿教师教研成长及幼儿园建设提升的机制。其中，学习型幼儿园的专家涉及多个组织单位不同领域的各方面人才，既有来自高校的学前教育领域的教授及学前教育专业的博士，又有来自上级教育行政部门的教研室主任和学前教研员，还有邀请入园的名师名园长等。形成了自上而下、纵横贯通的专家引领网络，为学习型幼儿园的发展及建设提供高地站位、宏大视野、远大目标的引领与指导。除此之外，幼儿园根据实际情况组织专家团队，如 L 幼儿园牵头区域内教研共同体成立专家指导小组。除了建立长效稳定的专家指导团队为 L 幼儿园做定期指导外，L 幼儿园还邀请国内知名的教育专家做不定期的进园指导，如 L 幼儿园在 2016 年 4 月的一次学习型幼儿园构建实践活动中，在开展“如何组织教师开展合作学习活动”的活动时，聘请了某高校教授进园为幼儿园的一次具体实践活动做针对性的指导；L 幼儿园在 2018 年 11 月组织的“幼儿学习品质的培养，发挥幼儿教师学习智慧”的活动中聘请了省学前教育研究会某秘书长担任指导专家，在同年 12 月组织的

---

① 徐丽华，吴文胜．教师的专业成长组织：教师协作学习共同体［J］．教师教育研究，2005（5）：41-44+15.

“‘CDG’园本课程学习与指导研究实践”活动中，聘请了某幼儿教育杂志集团某主编作为指导专家。为充分发挥专家引领机制的效果，需丰富专家引领的形式，定向专家跟踪与灵活选聘的方式既可以保证幼儿园发展建设的方向，又能针对性解决幼儿园的实际问题，是学习型幼儿园建设的科学路径。在学习型幼儿园构建实践中，指导专家多元丰富，指导方式丰富多样。借助专家引领，在实际幼儿园建设中，一方面使得教师的教育理论水平得以提升，教育教学及组织管理观念得以更新；另一方面教师与名师对话，在学习和协作中丰富了教师知识和提高了教师能力，为幼儿园教师知识管理及组织创新提供了新思路。

（四）合作共享机制

幼儿园的组织特性实现向合作型转轨，为提高教育教学质量，要强调组织成员之间和谐的、互赖的协作关系，提升专业效能感与职业幸福感。[①] 学习型幼儿园注重人的态度、行为、素质对教育的直接影响，需要在幼儿园全体成员之间营造新型的合作学习、协作互赖、共享实践的组织氛围。在学习型幼儿园实践过程中及幼儿园内各种学习教研活动中均体现了合作共享机制的积极作用，因为学习型幼儿园构建实践的一系列教学及研修活动本身就具有合作性、分享性。换句话说，分享研讨、互相观摩、质询互帮等一系列实践活动既是幼儿教师合作学习及共享实践的过程，又是其结果。比如L幼儿园组织每日研讨会议，参与者主动分享自己的所见所闻、所思所想，分享信息的过程中彼此帮助提升知识储备。而且L幼儿园每天的活动都以小组形式进行，这也为成员相互协作、共同完成任务提供了先天的合作共享的条件，成员在观摩的同时又在被观摩，幼儿教师之间形成了默契的教学相长教学模式。另外，L幼儿园学习

① 〔美〕托马斯·J. 萨乔万尼. 道德领导：抵及学校改革的核心［M］. 冯大鸣，译. 上海：上海教育出版社，2002：103.

型幼儿园试点团队的幼儿教师在小组活动及集体研讨中无时无刻不在自我反思、质询互助，在解决自己或他人的一个个问题中反思学习、在质询评价成员的过程中不断进步，团队成员在反思中学习，在质询中成长。

学习型幼儿园以合作为核心价值，实现了幼儿园发展的整体效益。学习型幼儿园的合作与竞争并存，在合作共享、互利共赢、共同进步价值观的主导下，合作与竞争和谐共生。以幼儿园的内部合作竞争代替外部淘汰竞争，以共同学习代替个体间的竞争，在合作性竞争的基础上强化了学习型幼儿园的合作共享。

（五）支持保障机制

支持保障机制是学习型幼儿园构建实践得以落地的有力后盾。合理的组织结构是学习型幼儿园运行的基础，多元自觉的行动主体是幼儿园发展的动力，除此之外，保障学习型幼儿园顺利达成共同愿景与目标的机制也是必不可少的。支持保障机制可为幼儿园管理提供必要的物质和精神条件支持，实现幼儿园内人、财、物及信息的高效流动，保证学习型幼儿园构建实践成果共享，从而保证学习型幼儿园的发展保持长期稳定。L 幼儿园在构建学习型幼儿园实践中主要包括以下几个方面。一是制度保障。在幼儿园管理过程中以各项合理制度营造幼儿园发展的良好环境，其中包括学习型幼儿园建设发展章程、学习型幼儿园园本教研范式等，如 L 幼儿园制定了包括总则、组织机构、工作职责等内容的由幼儿园总体规划的学习型幼儿园建设章程，使学习型幼儿园的建设活动有章可循。以学习型幼儿园教研范式制度为例，这一制度化的建设过程是园本教研制度系统化的动态运行过程，是通过总结和概括园本教研活动中的经验和规律，进而将其提炼为制度文本，形成园本制度文化的过程。学习型幼儿园的形成与不断完善很大程度上得益于良好的制度环境，正如迈耶和罗恩的研究所指出的：“与环境的制度性同形，对于组织而言存在着关键性的影响：

它促进了组织的生存与成功。"[①] 合理制度的运行一方面能支撑保障学习型幼儿园的顺利运行；另一方面制度本身的合法性为学习型幼儿园的建设提供保护，使得其发展、组织管理等行为的可信度提升。二是管理保障。学习型幼儿园建立后，为科学开展对学习型幼儿园的常规管理，保障幼儿园尽快形成学习型组织并顺利运转，幼儿园组建了学习型幼儿园建设领导小组。其职责包括总体设计、财务管理、教师管理、教学活动组织、组织保障、监督指导等，学习型幼儿园建设领导班子成员各司其职，确保学习型幼儿园正常运转。三是经费保障。尽管幼儿园每年拨付一定的经费供幼儿园组织管理专门使用，但涉及全员参与的幼儿园组织管理革新还是建园以来最大规模的幼儿园组织管理建设举措，还涉及幼儿园未来的发展与转型，考虑到这一情况，除幼儿园本身加大资金倾斜力度，教育主管部门还拨付一定资金以课题项目研究经费划拨的形式资助 L 幼儿园成功转型，确保幼儿园教育管理变革创新的顺利开展，其中区教育主管部门按照课题项目合同规定对 L 幼儿园拨付 15 万元，幼儿园每学期追加 5 万元定向管理经费至学习型幼儿园建设中，以期深化幼儿园组织管理改革及推动学前教育管理纵深发展。

（六）考核评估机制

在初步建立学习型幼儿园之后，为维系学习型幼儿园的持续发展与改革深化，考核评估是其中一项重要内容，比如幼儿园等级评定和幼儿园组织管理综合考评，都是学习型幼儿园评估机制建设的重要方面。考核评估的成效性不会停留于文件的出台，是否在实际建设过程中发挥作用是考核方案成功与否的关键。因而，学习型幼儿园特色项目实施的考核方案应在实际运作过程中检验是否真正推动幼儿园特色建设工作的高

---

① Meyer, J. W., Rowan, B. Institutionalized organizations: Formal structure as myth and ceremony [J]. American Journal of Sociology, 1977 (2): 340-363; 沃尔特·W. 鲍威尔，保罗·J. 迪马吉奥. 组织分析的新制度主义 [M]. 姚伟，译. 上海：上海人民出版社，2008: 54.

质量、快速协调发展。比如，L 幼儿园在每次教研活动后都将活动纪要及研讨摘要记录并保存至专门的资料文件夹中，后期还建立了学习型幼儿园构建实践资料库专门收录幼儿教师的学习发展与幼儿园组织管理实践活动文件，将这些文件提交至幼儿园资料室，设专门管理人员统一整理留存，这些文件成为其考核学习型幼儿园构建实践工作的重要依据，其中积极参与活动的幼儿教师将得到表彰，而那些没有积极参与活动的幼儿教师将被列入幼儿园管理层重点谈话对象，以督促其改进。

学习型幼儿园组织变革过程中，制度不是管人的“枷锁”，而是带有指导性质的创生工具，不断为人的自主意识的觉醒提供空间和发展方向，制度根据变革的进程做出合理的修订，在发挥保持稳定和秩序功能的同时，推进着变革的发展，发挥着保障的作用。[①] 在学习型幼儿园构建实践中，除学期总体评价外，幼儿园内部更为注重的是过程性评价和集体评价。评价贯穿于学习型幼儿园构建实践活动的始终，使得评价反思常态化、考核制度化，推动学习型幼儿园稳步向前发展。幼儿园采用过程考核和结果考核相结合的方式，每月学习型幼儿园各参与方进行自我考核，每学期幼儿园进行总结性的结果考核，根据考核评分情况评选出一个“优秀幼儿教师学习共同体”。区教科所、教研室等对幼儿园年度建设情况进行总结性的结果考核，评估机制充分保证了各幼儿园学习型幼儿园构建实践的热情与积极性，发挥幼儿园的主动性、积极性和有效性，推动幼儿园的全面发展。

3.3 学习型幼儿园的现实困境

在学习型幼儿园的构建实践中，L 幼儿园不断探索与实践，取得了一定成效，学习型组织的发展雏形也已较为零散的初步体现，但是，学习型幼儿园应有的诸多优越性并未充分地展现出来，实践过程

① 张立新．当代我国学校内部组织变革研究［D］．华东师范大学，2007：103.

中存在诸多亟须解决的问题，面临着诸多发展的阻碍，影响学习型幼儿园的构建与持续发展。

3.3.1 时间与空间欠缺

学习型幼儿园建设最大的外部障碍便是时间与空间的欠缺。从L幼儿园的实践情况来看，工作任务繁重及时间场域欠缺，致使教学与学习之间形成几乎不可调和的矛盾。学习需要一定的时间保证，幼儿园在这方面有着天然的优势，这是因为幼儿园作为整个社会专门实施教育的场所，其本质上就是生产知识的地方。而且受来自教育信息技术改革的影响，碎片化学习已然成为幼儿园充分利用时间进行学习的有效途径，这也为幼儿园构建学习型组织营造了良好的学习氛围。但是，学习型幼儿园除了注重全体成员的个人学习，更为注重整个幼儿园的团体学习与组织学习，特别是组织学习是学习型幼儿园建设的最为重要的方面。而团体学习与组织学习需要整个幼儿园在同一时间进行共同学习，以发挥组织学习的群体效应以及学习型幼儿园的整合效应与价值。然而，幼儿园的主要任务是保教结合，这在客观上使得幼儿园开展领域教育，这也就意味着幼儿园的整个工作时间内都是与幼儿相处，无法从工作中抽离出来进行专门的学习，同时又使得幼儿园基本上没有专门的工作学习空间场域。因此，保教结合的特殊教学任务特点阻碍了幼儿园在一定空间内统一集中时间学习，延宕幼儿园顺利迈向学习型组织。从L幼儿园构建学习型幼儿园的实践情况来看，时间空间上的分散性确实成为其发展学习型组织的最大的外部环境障碍。

深入研究发现，在L幼儿园建设学习型幼儿园的改革实践中，时间与空间欠缺的问题极大地阻碍了学习型幼儿园的构建。为了解决这一困境，L幼儿园做了诸多努力，尽管取得了一定成效，但学习型幼儿园对时空支持的需要与其当前时空欠缺的情况之间的矛盾仍然存在，这种先天的不足存在于学习型幼儿园构建的整个过程中，即使在最初为幼儿园提供了专门的时空条件，但随着时间的推移以及学习型幼儿园建设任务的转变，二者之间的矛盾冲突所带来的问题还是会以各种形式暴露出来，只有不断调整才能适应当前学习型幼儿园建设发展的需要。在需求与现实供给的此消彼长中，不断探索学习型幼儿园的适度变革之路。

3.3.2 管理与服务缺位

学习型幼儿园与传统幼儿园很大的不同就在于幼儿园的管理理念，不同于传统幼儿园行政管理的方式，学习型幼儿园更为关注的是学习的领导与知识的管理。这就要求学习型幼儿园领导的管理理念从绝对领导转到支持服务上来，这种心智上的转变对幼儿园领导提出了相当大的挑战。在我国，幼儿园实行园长负责制，实现每位幼儿学习权与每位幼儿教师发展权的责任主体是园长。由此可见，园长处在幼儿园管理的中心地位，L幼儿园也不例外。这无形中就造成一种“园长说了算”的社会现象，尽管这种教育管理现象并不少见，但这种理念到底合适不合适，仍需我们深入考究。显然，这与学习型幼儿园的组织管理理念是相悖的。因为真正的学习型组织强调领导者的服务本位、支持本位、学习本位，也就是说园长作为学习型幼儿园的领导者应为幼儿园的发展服务，为学习型幼儿园的理念服务，同时又要为建设学习型幼儿园提供方方面面的支持，另外还要坚持自身的学习以及引领他人的学习，为幼儿园形成时时学习、处处学习、人人学习的良好氛围做好服务、支持、引导。

从L幼儿园建设学习型幼儿园的实践情况来看，幼儿园领导的角色转变情况不容乐观。尽管L幼儿园园长以身作则，锐意创新，将幼儿园管理得很出色，但是在构建学习型幼儿园的实践过程中，首先要做的是转变园长的管理理念，幼儿园各方虽然也做了一些努力，但效果不太明显，阻力还非常大。例如，包括园长在内的幼儿园管理人员，在学习型幼儿园构建实践过程中并未给自己的角色进行恰当的定位，错误地将自己仅仅定位为幼儿园管理者，而非幼儿园服务人员。在调研时与幼儿园管理者们的访谈交流中，园长和分管园长以及主任们或直接或委婉地向我们表达出自身及他人对幼儿园管理的不满及反思，认为当领导们热情高涨地在幼儿园努力推行学习型组织时，他们常常感觉是在孤军奋战，很少能感受到来自幼儿园的专业支持以及幼儿教师的积极响应。这也从侧面反映出幼儿园只是号召大家积极开展和推行学习型幼儿园建设，并未落实到日常教学管理的行动上。作为学校的管理人员，一方面，在转变自身的管理理念上需要做出努力；另一方面，在构建学习型幼儿园的实践中也要有能力支持和服务幼儿园开展教学活动。当前，这种管理与服务的理念及行动能力的缺位，或将是学习型幼儿园在领导管理上面临的巨大挑战与压力。

3.3.3　工作与学习失衡

学习型幼儿园与传统幼儿园最大的不同就在于幼儿园对“学习”的重视程度。传统幼儿园关注幼儿的成长与发展，忽略了幼儿教师主体的专业发展与教师学习管理以及幼儿园的知识管理。因此，在L幼儿园构建学习型幼儿园的实践过程中，最为核心的便是重视幼儿园的“学习”功能。但是，由于本位主义的影响以及幼儿园教学任务的繁重等，L幼儿园开展学习型幼儿园构建实践受到来自幼儿园本身的阻力。具体而言，幼儿园内部工作至上的价值追求，使得每个人都坚守自己的岗位，在个体思考范围内总是绕着自己的工作领域打转，很努力地将分内的工作完成，这种思考方式是如何把本分的事做好，对于周边情境的变化及学习成长和专业发展的契机缺乏敏感度，也就是把思考方式局限在固守本分的观念上，形成无法清楚地认知现状及潜在的危机或机会的一种盲目的学习障碍。这样的观念将工作与自身发展混淆，被固守本职的观念桎梏，失去了学习的机会。这就导致幼儿园只关注当前的本职工作，而忽略了长远的学习发展，工作与学习处于极端的不平衡状态，阻碍了学习型幼儿园的构建。

深入研究发现，L 幼儿园在建设学习型幼儿园的实践过程中，并没有将工作与学习明确分开，尽管学习是为了服务本身的教育教学工作，但将二者混为一谈，往往会导致一边倒及走向功利主义，而忽略了本身的主体价值与发展。调研发现，这一点在 L 幼儿园学习型幼儿园的构建实践之初并未成为发展障碍，而是在后期学习型幼儿园优化提升阶段逐渐显露出来。我们发现，将工作学习混为一谈并不等同于工作学习一体化，因为真正的工作学习一体化是相互促进、相生相长的，最终实现幼儿园教育教学工作及幼儿园本身的共同发展，而倘若不分清幼儿园主体与客体的双重价值，就不可能促进学习型幼儿园向纵深发展，进而陷入工作与学习失衡的恶性循环之中。

3.3.4 竞争与合作冲突

在学习型幼儿园和谐共生的本位价值关照下，恰当处理好竞争与合作的关系显得尤为重要。一旦竞争与合作发生严重的冲突，学习型幼儿园的构建精神根基就会被撼动，那么此时幼儿园再谈构建学习型组织就显得遥遥无期了。因此，竞争与合作冲突成为构建学习型幼儿园的氛围障碍。在对 L 幼儿园进行深入访谈调研后发现，竞争分散了学习型幼儿园的共同愿景，打破了幼儿园内合作学习与共享实践的组织机制，使得幼儿园处于较为分散的组织中，这种分散的组织反过来又加剧了幼儿园内部建设的分歧，成为构建学习型幼儿园实践的最大的组织障碍。

幼儿园内部的竞争与学习型幼儿园的合作气氛相冲突，很大程度上阻滞了 L 幼儿园学习型幼儿园的构建进程。深入 L 幼儿园构建学习型幼儿园的实践研究还发现，适当的、合理的竞争在一定程度上确实有利于激发学习型幼儿园的工作斗志。一方面，没有竞争势必造成幼儿园消极被动的工作局面，甚至会造成幼儿园内部不思进取、消极怠工的工作作风，这反而不益于构建学习型幼儿园。另一方面，过度竞争会导致各自为政，破坏合作学习，割裂幼儿园教育教学工作，阻滞学习型幼儿园的发展。因此，在建设学习型幼儿园的实践过程中，将竞争控制在一个度上，让竞争和合作相互融合、相互渗透，实现学习型幼儿园的最佳效果。但竞争与合作的度较难把握，这也为L幼儿园的组织管理及学习型幼儿园的构建增加了困难。

3.4　学习型幼儿园的组织学归因

通过对上述学习型幼儿园问题现象由浅入深的描绘，我们不难发现，与学习型幼儿园的应然图景相比，学习型幼儿园现实问题的根本所在：学习型幼儿园的构建实践中缺乏组织学视野的深入思考与践行。因此，本部分从组织学视野探索分析，试图揭示学习型幼儿园构建的现实困境背后的深层原因，以一种全新的视角来审视目前存在的问题，探寻解决的可能路径。

3.4.1　复杂性理论思考下组织运转的有序性与无序性的对立

学习型幼儿园构建实践过程中，时间场域不足致使教学与学习之间形成几乎不可调和的矛盾，对学习型幼儿园的构建及发展造成了极大的现实困扰。学习型幼儿园构建实践过程中时间场域欠缺的问题，究其根本，实质上是学习型幼儿园的时空支持需要与幼儿园当前时空欠缺的情况之间的矛盾，这是由于幼儿园本身尚未形成能够有序运转的学习型组织。而组织运转的有序性与无序性的统一正是复杂性理论的价值取向，即关注组织本身的系统有序运转和组织内部的整合统一。

法国哲学家和社会学家埃德加·莫兰系统地提出了复杂性理论，他指出事物存在于复杂的范式中，世界是有序性和无序性相互交融的，不断此消彼长的。[①] 因此看待事物也应持复杂性方法，概括而言，批判经典科学方法论将“事物的有序性作为绝对解释的最高原则”，用“多样性的统一”来修正古典科学还原论的认识论方法，以自组织的、主动的、回归的因果性来补充线性的、被动的、机械的因果关系，并用整体与部分交互的概念取代传统系统论单纯强调整体性效应的观念等。[②] 基于这个哲学认知基础得知，复杂性即有序性与无序性的统一。正如我国哲学家陈一壮所言，复杂性研究的核心思想是探讨动态有序的事物的自组织机理，并共同认为能动系统只有在有序性和无序性并存的条件下才能进行自组织。[③] 推及幼儿园教育变革，幼儿园组织管理变革及学前教育改革同样也具有复杂性，因此从这点意义上讲幼儿园改革的经验是不可复制的。学习型组织的“系统思考”源自复杂性理论分析复杂行为的原理，其组织管理及组织运行等具有自组织的特点，学习型幼儿园自成系统。“系统思考”总结出了数十个“因果回路图”分析事物的复杂动态关系，凭借其强大的概括力以更为具体、更为直观的方式把握组织的运行及发展变化态势，使得复杂的组织更加具有可操作性。进一步讲，系统思考中的“因果回路图”，以“正反馈”和“负反馈”回路作为系统思考因果回路图的基本要素，描绘和发掘系统保持相对平衡的动态发展过程，解释事物发展变化的动态规律。因此，有序和无序两种对立的势力相互作用，此消彼长，制约着事物发展的进程，这也是圣吉关于组织变革和发展本质的哲学方法论，是学习型组织理论的核心思想。

---

① 〔法〕埃德加·莫兰．迷失的范式：人性研究［M］．陈一壮，译．北京：北京大学出版社，1999：159.

② 〔法〕埃德加·莫兰．复杂思想：自觉的科学［M］．陈一壮，译．北京：北京大学出版社，2001：267.

③ 陈一壮．试论复杂性理论的精髓［J］．哲学研究，2005（6）：108-114.

复杂性理论具有哲学意义，指导人们看待事物和行为处事的方式方法。源于复杂性理论的系统思考则是在复杂性理论的基础上进一步指出了如何具体对待及处理复杂性事物及复杂性系统，在这个基础上提供一种系统的复杂的管理方法。也就是说，复杂性理论认为，事物是复杂地联系在一起的，而非单一线性的因果关系，在这个系统中各个事物相互联系、相互影响，进而发生变化，发生变化的事物又进一步成为其他事物变化的基础，各个事物处在这样一个复杂的系统中不断变化，相互作用。正是这种多向性的相互联系与复杂的相互作用使得组织系统更加复杂。面对这种复杂的组织系统，应采用复杂性理论的思维及源自其发展而来的组织管理方法系统思考，而非传统科学方法论倡导的机械因果性的思考方式。概而言之，复杂事物就应采用复杂思维方式思考，复杂的系统采用系统思考的方式应对，这也是学习型组织理论的哲学思考及优化组织管理的系统管理方法。

变革是一项旅程，而不是一个蓝图。[①] 学习型幼儿园的构建本身就是一个复杂的系统过程，而不是构建的终极目的。具体而言，学习型幼儿园这个复杂的系统，其各组织要素是相互影响、相互作用的结果，又是学习型幼儿园持续发展的动因与基础，以此往复，不断螺旋上升，追求幼儿园的不断学习与持续发展。建设学习型幼儿园是一项系统工程，涉及幼儿园发展利益相关的方方面面。这就要求幼儿园以整体思维方式思考学习型幼儿园的构建及组织管理，系统思考组织问题，统筹规划幼儿园本身的组织及发展，包括学习的时间、场域等一系列组织问题，形成自身独特的园本文化。而这种园本文化一旦形成，组织便可有序运转，自动统筹幼儿园的时间、场域及其他支持推动和保障条件，将会有力地促进幼儿园的发展。学习型幼儿园的园本文化正是凭借其强大的自组织力，维持幼儿园组织运行及发展的有序

---

① 〔加〕迈克尔·富兰．变革的力量——透视教育改革［M］．中央教育科学研究所，加拿大多伦多国际学院组织，译．北京：教育科学出版社，2004：35.

与无序的平衡，反过来进一步形成使幼儿园文化更加坚实的基础。从这点意义上讲，目前学习型幼儿园的发展状态还是较为初级的，文化的自组织力尚未发挥其应有的价值与作用，这也是当前幼儿园在发展学习型组织过程中的困境，学习型幼儿园构建实践过程中时间场域欠缺的问题，究其根本，实质上是学习型幼儿园的时空支持需要与幼儿园当前时空欠缺的情况之间的矛盾，这正是由于幼儿园本身尚未形成能够有序运转的学习型组织。因此，学习型幼儿园的建设是一个名副其实的复杂的系统工程，也是一个不断变革、持续发展的过程，同时我们也应注意到这个过程是复杂且艰难的。

3.4.2 深度变革的精神内核阐明幼儿园管理本位立场

园长的管理理念转变阻力大，甚至管理与服务的缺位成为学习型幼儿园构建及后续发展的障碍。基于学习型组织理论视角进行深入分析，我们发现，以深刻变革理论来探寻这一困境背后的原因，或许可以帮助我们解释阻碍学习型幼儿园发展的背后的研究理论的价值取向。因为深刻变革理论作为学习型组织理论的发展成果，其关注组织变革与持续发展的价值追求契合了构建学习型幼儿园实践过程中管理变革的困境问题，为学习型幼儿园的持续变革指明了出路。

深刻变革理论是伴随学习型组织理论的深入发展而来的，1999 年圣吉发表《变革之舞》，正式提出深刻变革理论，总结出深度的挑战和变革的成长过程。深刻变革理论认为，组织的发展不是一成不变的，也没有标准的定律可循，更没有终极的目标状态，相反，组织内部形态及组织外部环境是时刻变化的，为应对这种来自组织内部或者组织所处的外部环境的变化，组织应始终保持深刻变革的思维方式，主动寻求变革，形成深度变革的思维方式及行为习惯，这也是学习型组织能够不断发展、持续进步的不竭动力源泉。研究发现，在近十几年推行企业和组织变革、重组和创建学习型组织过程中，很多创建学习型组织的实践效果并不理想，有70%的变革努力都以失败告终。面对这种情况，管理理论界必须给出解释：是学习型组织理论有误？还是实践发生了偏离？彼得·圣吉与他的合作者总结了十多年来学习型组织的实践经验，集中解答了学习型组织发展的实践问题，研究成果集中体现在其后期著作《变革之舞》之中，他就学习型组织在发展过程中所面临的挑战、产生的困惑、取得的成功和失败，进行了全面的思考和探索，并提出了深度变革理论，由此学习型组织理论进入了组织学发展的新阶段。为什么组织的变革和创新发展到一定阶段就停滞不前，学习型组织如何建立，建立后怎么办，怎样建立真正的持续变革的学习型组织？在对组织革新面临的这些困境进行深入的思考后圣吉得出：学习型组织秩序发展在于组织的持续变革，尤其是组织的深刻变革。这就意味着不能仅仅关注组织的“成长程序”，也就是表面的学习型组织，这种只关注形式不注重内核变革的组织其实并不是真正的学习型组织，更不可能成为持续发展的组织。相反，学习型组织是不能通过简单效仿就能建成的，而是要关注组织本身的变革与发展，找到适合自身发展的组织特色，关注组织的内部改变和组织所处的外部环境的变化，将两者结合起来，寻求真正意义上的组织的深刻变革，才能建成真正的学习型组织，才能促使组织持续发展，立于不败之地。因为组织内部的改变具体指的是组织内部的成员个体的价值追求、思维方式和行为活动的改变，而组织外部也就是组织作为一个整体的变化则涉及组织的共同愿景、组织构成和组织环境等方面。所以组织外部变化也就是组织整体发生转变，整体上向着学习型组织迈进相当于组织变革的大方向，而组织内部的成员个体的思维方式、价值观等的转变则是组织变革的根本。外部真正的改变是建立在思维方式改变的基础上的。外部改变是“表”，内部改变才是“本”。如若不关注学习型组织的真正变革，那么组织将会停留在形式上的外部改变上，而无法真正触及组织的内核，也就无法真正拥有用新方法工作的能力。学习型组织要求组织成员尤其是组织的领导者具有持续变革的能力，而持续变革能力的内核则是组织成员个体及整个组织思维方式的转变。深刻变革思想是学习型组织理论的延续发展与结晶，用系统思考的方法对组织持续变革的本质、持续变革中遇到的种种困难、持续变革的程序等基本问题进行深刻的分析，努力找出克服上述困难的策略和方法，如果说深刻变革是创建学习型组织的核心工具，那么深刻变革也是指引学习型组织持续变革和发展的基本方法。圣吉关于学习型组织理论的著作《变革之舞》更是直接揭示变革本质的形象表达，变革的本质是“成长过程和限制过程之间的不可避免的互动关系”，这是圣吉关于组织变革的基本哲学观点。圣吉认为，组织变革遵循着生物界普遍存在的生命周期规律。生物的生长遵循着“S”形模式，即生长速度起先很快，一段时间后便开始减速。组织变革行动所主张的创造性实践无论是全面质量管理、程序再设计，还是建设学习型组织，都是成长一段时间之后便停滞下来。即使这种变革不停滞，也只是在少数人中“阴魂不散”，被圣吉戏称为“一小撮真正信奉的人的一种宗教”，它不像人们期待的那样遍布于组织中，成为组织强大的生命力。组织变革与此类似，它也是促进变革过程与抑制变革过程之间相互作用、此消彼长、矛盾斗争和对立统一的过程。

任何组织所指的都是一个组织的整体，既包括组织内人员的构成及分工，也包含组织中的人与组织环境之间的相互作用。幼儿园作为组织中的一种学校组织也不例外，不同的幼儿园其组织形式、组织运转机制等各不相同，均展现着各自不同的组织形态，包括幼儿园与其所处的外部环境之间的相互作用的影响、幼儿园对组织内部成员的发展的态度、幼儿园自身的发展价值追求等，这也成为衡量一个幼儿园的教育观念、发展观能否实现的重要标志。因此幼儿园的组织结构及运转在一定程度上影响着幼儿园教育价值的实现，是幼儿园寻求变革发展不可或缺的重要环节。学习型幼儿园致力于整个幼儿园集体价值取向的转换，包括人的心智改善、组织结构的重组与组织文化的重构等，其转变的基础就是组织的思维方式的改变，即致力于不断变革的价值追求。因此，学习型幼儿园更加关注的是组织成员包括幼儿园领导和幼儿教师突破传统思维进行自我更新，尤其是领导在学习型幼儿园建设中起着带领指引的向导作用，因此，幼儿园领导要特别注重自身首先具备变革的思维方式，还要特别关注组织的管理，基于幼儿园的园本特色，立足于幼儿园本身，综合运用组织内部资源与组织外部环境资源的优势，关注幼儿园层面的自我变革，管理幼儿园组织结构，推动幼儿园组织持续运转。这种深刻变革的精神内核应贯穿于幼儿园建设学习型组织的整个过程中，渗透于幼儿园持续不断的教育管理之中，发挥幼儿园作为学习型组织的应有作用。

3.4.3 人本化的价值追求揭示组织与人的对抗关系

学习型幼儿园构建实践过程中，工作与学习之间的失衡，其实质就是人与组织的关系的抗争，突出幼儿园的工作而忽略幼儿园中的人的学习，即仅仅停留在关注组织这一层面，而忽略了组织中人的价值。而组织与人的争论正是学习型组织理论架构的本质核心，也是其对于传统组织理论最大的创新发展，即从仅关注组织向关注组织与人的转变，非人本化到人本化的转变。

以布莱萨斯为代表的传统管理学家认为组织是结构化的人际关系系统，他们指出，组织就是限制个体采取自由行为的可能数量，增加组织可见的、稳定的人际关系。传统组织理论由于只关注正式组织的确定性行为，就必然忽视组织中人的因素，因此这些理论越完善，正式组织原则就越限制和规范组织中人的自发行为，也就越表现出“非人本化”倾向。而学习型组织理论强调人和组织相互关系、动态互变、个体发展的组织生态学思想，事实上是在组织管理系统中引入以人为本的理念，将组织管理理论与人际关系理论相融合，强调组织管理中人的能动作用，也就是融合了组织管理的理论和人本管理的理论。霍德（Hord）首次提出学习型学校这一概念，他强调在教育领域的学习型组织中教学实践和专业研究的双重性特征，学校进行学习型组织的建设即是促进教师个人的专业发展及学校整体的发展。[①] 推及幼儿园，学习型幼儿园也具备学习型学校的这一特点，从本质上讲，幼儿园作为学习型组织的一种，也在追求幼儿园组织与幼儿园组织中人的融合及它们之间的交互作用，关注幼儿园中幼儿教师的自我更新和专业发展，学习型幼儿园的转变即是从“非人本化”转向“人本化”的过程。

组织学视野下幼儿园从非人本化到人本化的转变，是实现幼儿教师与组织的相互依赖、相互促进的过程，是幼儿教师和幼儿园的人与组织的共同成长与发展。对于学习型幼儿园而言，人本化的组织是一个共享和协作组织，是一个幼儿教师之间有着共同的目标和实践，运用多种方式促进幼儿教师积极地持续性学习，共同致力于幼儿园成长而形成的一个动态的开放系统。从组织角度看，幼儿园作为学习型组织，其存在与发展依赖于幼儿教师的多样性和丰富性，只有幼儿教师具有多样性才能为幼儿园的存在和发展提供选择，只有多样性才能使幼儿园具有创造性。幼儿园生存和发展的活力来自对幼儿教师多样性和创造性的尊重和鼓励，具有高度自我超越的能够适应环境改善心智的幼儿教师才能不断扩展其生命中真心之所向的目标，以幼儿教师个人的不断学习为起点，形成学习型组织精神。只有所在幼儿园里每个层次的幼儿教师都能够通过学习改善心智，实现自我超越的时候，学习型幼儿园才算建成。因此，组织与个人之间不是相互利用而是相互帮助的。从个体角度看，幼儿教师是依靠学习型幼儿园来产生和实现

---

① Hord, S. M. Professional learning communities: Communities of continuous inquiry and improvement [R]. Office of Educational Research and Improvement, U. S. Department of Education, 1997: 71.

自己内心的自由愿景的。个体产生和实现个人愿景的自由度越大，对幼儿园的依赖性就越强，反过来说，幼儿园的生存和发展的活力又依赖于多样性创造，幼儿教师的多样性和丰富性越强，为幼儿园带来的发展可能性越充分，可以选择的机会越多，幼儿园适应环境变化的能力就越强。因此，组织与人的关系不是绝对对立的，而是相互统一的，学习型幼儿园是人与组织和谐的生态关系的体现，是生命力旺盛的一种组织模式。

3.4.4 社会互赖价值关照下的幼儿园竞争文化偏差

竞争与合作冲突成为构建学习型幼儿园的组织氛围障碍，其背后的价值理念偏差根源便是缺乏组织学视野下的社会互赖理论的价值关照。正如圣吉所言："组织是组织之内的人们进行思索和互动的产物。"[①] 幼儿园组织成员之间存在互动关系，合作与竞争也总是充盈在幼儿园组织文化之中，两者力量此消彼长，影响着幼儿园组织的内部结构方式及组织的发展方向。

社会互赖理论源于格式塔心理学和群体动力理论，由约翰逊兄弟将其发展为系统的社会互赖理论。格式塔心理学主张从事物的整体出发，所有事物的发展均是整体作用的结果，而非单个个体的简单机械相加。群体动力理论则认为群体发展的驱动力来自群体成员之间的相互连接，群体成员共同为群体的目标愿景努力，进而实现群体的发展。基于以上两个理论，社会互赖理论逐渐完善发展，形成新的社会学理论，圣吉认为，群体成员拥有共同的愿景目标之后，便会为这个共同的愿景目标而努力，在这个过程中，群体成员之间形成相互依赖的关系，这种相互依赖关系的紧密连接直接影响群体共同愿景目标的

---

① 〔美〕彼得·圣吉．第五项修炼：学习型组织的艺术与实践［M］．张成林，译．北京：中信出版社，2018：104.

实现与达成。[①] 具体而言，群体的互赖关系包括三种结构方式的互赖，即积极互赖、消极互赖和无互赖，也就是合作、竞争和个体单干。积极互赖是指成员个体的价值追求和目标融合于群体的共同愿景目标之中，因此成员个体积极行动，以实现个体和群体的共同目标以及个体与群体的共同发展与双赢，反之亦然，积极的互赖关系促使组织成员为共同的目标努力，在这个过程中反过来又加强成员间的紧密联系，总而言之，积极互赖指行为与结果相互促进、相辅相成。消极互赖则指组织成员个体的目标与群体的共同目标联系较少，甚至相互抵触，那组织成员仅仅会关注个人的得失，而忽视群体的共同愿景及整体的长远发展，进而使组织成员之间相互阻碍彼此的发展及整个组织的发展，导致组织行动效率低下，最终陷入组织个体成员越不合作组织整体效率越低，组织效率越低组织成员之间愈加相互竞争的恶性循环之中。无互赖指的是组织成员之间关系微乎其微，组织发展呈现各自为政、单打独斗的松散局面。在无互赖的组织中，组织实质上是没有发挥其整体作用的，组织成员相互独立地聚集在同一个场域中，并无任何交集和互动。有研究指出，相比成员之间的相互竞争或者互不联系，组织成员之间合作的关系更易形成积极的相互影响，这也就意味着，在合作实践的情况下组织成员之间的相互作用更易发生，相互之间的影响也更大。[②]

因此，在学习型幼儿园这一组织中，社会互赖理论揭示了组织持续发展的现实文化困顿的原因，即尚未有效地处理好组织合作与竞争之间的关系。社会互赖理论蕴含着学习型幼儿园组织结构、组织成员之间的互动、组织持续运转的内驱动力，提供了学习型幼儿园构建实践过程中文化重构的理论框架。基于社会互赖理论，在建设学习型幼

① 〔美〕彼得·圣吉．第五项修炼：学习型组织的艺术与实践［M］．张成林，译．北京：中信出版社，2018：104.

② Deutsch, M. An experimental study of the effects of co-operation and competition upon group process［J］. Human Relations, 1949（2）: 199-231.

儿园的实践过程中，应努力促使组织成员之间建立积极的互赖关系，在幼儿教师之间形成紧密的情感连接，为学习型幼儿园的共同愿景与目标努力，鼓励幼儿教师之间相互合作，比如幼儿教师之间合作学习、共享实践等。与此同时，并非完全否定竞争文化的存在，而是引入积极的竞争机制，控制好组织成员之间竞争的度，幼儿园应把握好积极竞争与合作之间的良性关系，最终形成学习型幼儿园独有的园本合作文化。总体而言，形成以相互合作为核心的园本特色的幼儿园文化对于幼儿园走向真正的学习型组织及在学习型幼儿园的变革之路上持续前进是大有裨益的。

4 学习型幼儿园的构建路径

本研究在学习型组织理论研究基础上，通过探寻幼儿园这一学习型组织的构建过程，以组织发展过程的研究视角探究学习型幼儿园的构建路径特征。总的来讲，本研究旨在基于学习型组织理论，探究构建学习型幼儿园的完整过程，这也是实践幼儿园学习型组织的修炼之旅，追寻超越学习型组织创新发展的探索过程。研究发现，学习型幼儿园的构建过程历经发起、执行、成熟三大阶段，即从心智改善入手，经过结构重组，最后实现文化重构，三大阶段相互贯通，逐步推进，循序渐进地构建起超越学习型组织的学习型幼儿园。同时，学习型幼儿园在这一构建过程中，表现出变革领导、共同愿景、赋权增能、共享实践、合作学习与持续支持等阶段性特征，六大阶段性特征相互渗透、相辅相成，贯穿幼儿园构建学习型组织过程的始终，步步为营，层层修炼，使其进阶成为真正的学习型组织。在此基础上，本研究最终勾勒出学习型幼儿园的发展脉络，大致描绘出学习型幼儿园的构建实践路径。

4.1 变革领导：突破禁锢走向开放的组织管理

领导是幼儿园改进过程中一个至关重要的组成部分，园长的领导角色是建设学习型幼儿园的关键因素。学习型幼儿园指一种根植于变革时代的新型的幼儿园管理模式，学习型幼儿园是不断学习、持续变革、追求卓越的幼儿园，在这样的幼儿园管理模式下，园长作为幼儿园领导，其工作重心将从过去管理模式中更多关注管理目标具体实施与控制，转变到更多地关注幼儿园价值目标的形成、幼儿园的发展与未来上面。进而言之，园长更多地应该成为学习型幼儿园园本知识生产的重要一员，成为战略型、学习型、创造型的领导。在学习型幼儿园中，园长自身必须是一个变革者，能够跳脱出自身的视域，突破传统管理绝对领导的执念，求变通、求创新、求发展，从宏观视野上制定幼儿园发展的长远战略，通盘考虑幼儿园的革新发展，成为学习型幼儿园发展的全新设计者。为实现学习型幼儿园建设的宏大愿景，园长自身必须是一个学习者，引领幼儿园持续学习，以身作则，带头学习，成为幼儿园的示范榜样，使幼儿园整体呈现出创新创造、持续发展的活力。除此之外，园长还必须是学习型幼儿园的服务者，服务于组织发展的目标，服务于组织发展的空间，服务于学习型幼儿园组织发展的结构及运行，这既包括幼儿园的内部发展，还包括幼儿园作为组织的整体发展。

4.1.1　自我发展式变革，谋篇布局式设计

任何一项组织的创新发展与变革，都离不开领导者对组织的设计蓝图，在这个基础上才会有之后的组织管理、组织运行、组织发展等一系列过程与实践，但总体的设计规划始终是第一位的，是首先要抉择、面对与解决的。在学习型幼儿园的创新变革实践中，这一重任自然就落到了园长那里，园长要有对幼儿园当前发展情况的整体把握及对长远发展方向的判断选择。从L幼儿园构建学习型幼儿园的实践情况来看，L幼儿园当前已经是区域内综合条件发展较为成熟的普惠型幼儿园，按照上级教育行政部门的要求、辐射范围内社会对于幼儿园

的学前教育需求及教育期望，以及幼儿园自身发展定位与目标，不断寻求特色、内涵、持续发展的创新之路。而变革是普遍存在和持续不断的，甚至是不能期望一定会获得成功的，成长和发展的奥秘就是学习怎样与变革的力量作斗争，在削弱它的消极力量的同时，将其转变为对我们有利的积极力量。通过研究分析可知，L幼儿园正处在这样一个转型发展的关键时期，L幼儿园应该何去何从，园长责任重大。然而，教育变革的进程不可能是线性的，只有在复杂的情境中学会与各种困难相处，在不断的学习中寻找前进的可能和发展的空间，才能探得幼儿园持续发展的创新之路。因此，幼儿园转型的关键时期，既是幼儿园当前面临的巨大挑战，又可能为幼儿园创新变革发展带来机遇。为此，园长作为学习型幼儿园构建实践的关键人物，做出了创建学习型幼儿园的决定并为之做了整体规划及设想。

在此基础上，L幼儿园正式踏上了学习型幼儿园的构建创新变革之旅。关于学习型幼儿园的总体谋划，园长从幼儿园的目标愿景、组织结构、文化建设等方面设计，以幼儿园为边界，带领幼儿教师在幼儿园内部逐一开展实践活动。幼儿园的目标愿景、组织结构、文化建设具体如何落实不在本节探讨范围，将在后面章节详细论述，为避免重复此处不再赘述，本章主要针对园长对于幼儿园的目标愿景、组织结构、文化建设的设计展开研究及分析。从L幼儿园构建学习型幼儿园的实践情况出发，园长在不断厘清自己的愿景的基础上，将自身愿景看作幼儿园组织愿景中的一部分，这样园长的使命感就不再仅仅是关注自己的荣辱得失，更多的是思考和关注学习型幼儿园发展的目标，更加注重幼儿园组织人员的发展以及个人与组织的共同进步，概而言之，将幼儿园视为一个复杂的组织主体，以这样一个更高站位的主体性视角进行系统思考。以L幼儿园组织结构的设计为例，幼儿园组织结构的变革是学习型幼儿园设计及构建实践最为重要的一个方面，因为“人”的变化是组织变革的最终目标，实现幼儿园发展动力由外而内的深层次转换，是学习型幼儿园组织变革的关键因素。L幼儿园园长对于幼儿园主体性的系统思考涵盖幼儿园管理与发展的多个方面。首先是园长的自我更新，园长致力于实现幼儿园领导的理念提升，以及思维方式转型，在变革过程中，努力唤醒包括自身在内的领导层的发展意识，努力倡导和推进幼儿园领导研究自身所在幼儿园的问题、优势、可能的发展空间和条件，然后通过切实可行的研究性变革实践实现幼儿园的发展。其次在学习型幼儿园发展过程中，引导幼儿教师认识到教育内在的使命，感受到幼儿、幼儿教师、管理者自身内在的力量，体验到学习型幼儿园教育所具有的无法替代的生命性，自觉地把教育中具体人的主动发展看作目标、过程和动力。相较于园长自身的变革及心智改善而言，幼儿园组织结构的变革实施起来会困难得多，这是由于传统幼儿园的官僚管理指由处于领导位置的人决策并管理教师的行为，而现代幼儿园的领导模式正在急剧转变，强调建构式领导与促进式领导，即在教师群体中分享领导权、推崇集体共同决策等。在L幼儿园决定走上学习型幼儿园变革之路之初，园长就做好了领导角色方面的准备，从自身做起，彻底颠覆以往的传统领导管理角色，真正做到放权、管理、服务。园长通过正式地或非正式地寻求他人分享权威的方式，提高幼儿教师的领导能力，培养幼儿教师领导力。这就要求园长在一定程度上放权，给予教师自主决策的机会，提供支持性条件，促使幼儿教师去学习与实践，以真正参与到学习型幼儿园的建设中。园长将幼儿园的领导权力下放给幼儿教师，实现教师领导自治、自主决策、自主管理，这就表明了园长的领导管理态度，而园长的管理态度是领导学习型幼儿园发展的重要指向标，放手放权的态度无形中指引教师集体投身学习型幼儿园的建设中。换言之，这也就达成了全员参与学习型幼儿园建设的夙愿，同时也是实现学习型幼儿园改革的第一步。

我一直是希望我们的老师能够有更广阔的发展空间的，出去学习、观摩、申报课题……尽可能地为他们提供成长的空间，老师们的见识多了，就会有那种成就感，就是作为教师天职的自豪感，更加能够担当。这样一来，老师们自主权就比较宽裕，施展空间也大，就能够放开手脚，施展拳脚，大胆去做、去尝试。这不就相当于集思广益、广开门路了，只不过是在悄悄地循序渐进地进行幼儿园改革。其实不需要我去干涉太多，老师们自己就能自我发展的。我做得越少，那老师们就做得越多。其实是这么一个道理，你想啊，我把幼儿园管理权限放开了，老师们不必再束手束脚了，有想法那你就冲，对吧……我全力支持你！那就相当于不是我一个人在前面拉了，而是我们所有的老师，这一大批锐意创新的改革者，在带领着幼儿园向前发展。

4.1.2 示范学习式引领，服务支持式管理

幼儿园领导权最终是否有效，不在于谁是领导者，而是取决于他在其他人中造就了什么样的影响力。因此更具威信的园长的领导力不在于如何发号施令，而是在于对全体幼儿教师潜移默化的指引力及方向上的引领性，简言之，“一呼百应”或许应是领导的终极成功。在学习型幼儿园的实践中，园长的领导角色随着其管理变革及心智思维方式的改变而发生转变，园长并不是唯一的决策者，而是具有多重身份定位，在此基础上，学习型幼儿园的园长表现出了两大角色：不断进取的学习者与示范者、教师自主学习的服务者与支持者。L幼儿园园长作为学习型幼儿园中不断进取的学习者与示范者，在自身不断学习进取、优良示范之下，推动幼儿教师的协作学习与专业发展，助推幼儿园提高学习效率，园长所重之处，教师也势必随引而行。那么，园长首先自己是一个学习者，才有可能带

动其他幼儿教师一起学习，使持续学习成为一种工作态度，成为一种成长方式，逐渐地，持续学习在L幼儿园内蔚然成风，幼儿园发展成为一个真正把握学习这一精神内核的学习型组织。在此基础上，为学习型幼儿园的发展与推进奠定了一个基调，园长不但鼓励教师成为持续的学习者，其自身也成为学习者。换言之，园长在扮演领导者角色的同时，也扮演着学习带头者的角色。

> 我们L幼儿园园长本身就是那种爱学习的人，你看她的办公室就知道，那一排排的书（特别多）……而且她经常出去学习，学完回来就会跟我们讲有什么新的教学实践或者新的理论知识，会分享很多新奇的前沿的东西给我们。她自己想法也很多，我真的很佩服，都不知道她怎么会有这么多新的想法、好的主意！然后就会在幼儿园试着推行，还会请XX高校的专家来进行指导，请教那些教授什么的。园长自己都那么博学了，还那么爱学习，我们老师有什么理由不努力呢！所以我们幼儿园的老师还都挺爱学习的，比如相互交流、咨询专家什么的都非常多（常见）。

园长作为幼儿教师自主学习的服务者与支持者，在学习型幼儿园建设中的作用尤为重要。幼儿园管理工作千头万绪，园长必须保持强烈的文化意识，要由管理型园长向引领型园长转变，起到导航的作用。园长的价值观在学习型幼儿园文化建设中起着举足轻重的作用，因此，园长要改变传统的事无巨细的管理方式和官僚作风，要注重激励人、培育人、发展人，要转变重事轻人、重权术轻品德、重他律轻自律、重控制轻激励、重效率轻价值等观念。[①] 相较于园长高位的引导者身份，园长还担负着幼儿教师及整个幼儿园情感及物质上的支持者角色。一方面，园长应树立一种重视追随者参与的观点，鼓励和激

---

① 王定华．试论新形势下学校文化建设［J］．教育研究，2012（1）：6-10.

励幼儿教师努力，完全信任幼儿教师，肯定幼儿教师的职业价值，关注幼儿教师领导权。然而这并非易事，因为与单纯地告知幼儿教师应该怎么做相比，发展教师的领导能力与巧妙地支持幼儿教师自我学习发展需要面临更大的挑战。另一方面，通过正式和非正式的机会支持幼儿教师学习与发展，并为此尽可能提供资金和其他物质支持，帮助幼儿教师学习与发展，如大力支持教师参加各种培训与学习，或者安排教师互相听课或去外校访问学习新的教学策略等。

> L_1 园长非常明确幼儿园应该如何发展，我们幼儿园发展得非常快，从一个民办园到公办园再到省级示范园，这个过程是非常快的，幼儿园发生了很大的变化，可以说是跳跃式发展。最重要的是园长对于幼儿园的方向有一个清晰的把握，说不上来具体做了什么，但是就是感觉园长在前面带路似的，我们完全不用担心前面有什么坎坷，跟着走就对了，总能有更大的收获和成功。这倒不是说瞎跟风，相反，园长经常听取我们教师的意见，经常和我们讨论。而且有些事情她都不会具体指导你什么，完全是教师自己拿主意，她经常说的一句话就是“跟着你自己的思路走，我相信你的判断”。这下就更有干劲儿了，就是那种完全被信任的感觉……而且她总是给我们各种支持，就昨天晚上我们一起加班，是咱们班老师自己加班，也没告诉谁，你看到了，园长就给咱们安排了鸡腿面。这多好，虽然也没多少钱，你就是觉得做得有价值，被领导看在眼里了。

4.2 共同愿景：个人愿景融于集体愿景的价值目标

对于价值观和信仰的认识和思考，引导着幼儿园的决策。在影响幼儿园的关键因素中，最核心的是关于幼儿怎么学、教师和幼儿如何行动以及维持团体的共同目标等问题的共同价值观。在学习型幼儿园发起阶段，建立共同价值观要求幼儿教师和管理者们建立根植于园所文化并与园所文化融为一体的共同行为规范。这些规范以书面或非书面的形式固定下来，成为幼儿园的日常行为规则，日复一日，养成习惯。这些预设的交互作用的方法，为幼儿教师提供了一个能够全身心互相支持的可信赖的安全环境。换言之，幼儿教师在学习型幼儿园构建过程中萌发共生的愿景，有助于幼儿教师团队成员之间达成共识，从而主动分享经验与知识、产生情感共鸣，兼顾幼儿教师学习与发展效益优化，最终达成个体专业成长与群体共同发展的双重目标。① 与此同时，学习型幼儿园幼儿教师团队的共同愿景，有益于帮助成员意识到合作的必要性与重要性，从而紧密成员间情感连接，实现团结一致，共同发展。② 共同愿景由此成为凝聚在每个成员心中的力量，为不断学习提供能量、激发动力。

4.2.1 各自为政散人心

共同愿景的建立对于学习型幼儿园的发展发挥着举足轻重的作用，是指引学习型幼儿园构建与发展的方向旗帜。学习型幼儿园的共同愿景引领着学习型幼儿园全体组织成员的努力方向，是幼儿园组织成员共同奋斗的心理基石。学习型幼儿园中共同愿景是指“幼儿园领导以及全体幼儿教师共同拥有的关于学习型幼儿园未来发展的长期目标，以及组织成员愿意为了该目标而共同努力的情感心理”。③ 学习型幼儿园的共同愿景指全体幼儿教师合作分享，持续学习的价值观是奠定学习型幼儿园不断前进发展的心理基石。共同愿景包含两方面的意

---

① Ravichandran, T. Organizational assimilation of complex technologies: An empirical study of component-based software development [J]. Transactions on Engineering Management, 2005 (2): 249-267.

② 〔美〕戴维·W. 约翰逊. 领导合作型学校 [M]. 唐宗清，等译. 上海：上海教育出版社，2003: 52-55.

③ 吕立杰，于聪. 教师合作团队的结构与方式 [J]. 教学与管理，2007 (15): 25-26.

蕴，一方面指向学习型幼儿园的价值观与追求目标；另一个方面指向组织成员对共同愿景的心理认同。共同愿景是构建学习型幼儿园不可或缺的重要内容，对于幼儿教师的群体性学习以及整个幼儿园学习型组织的建设发挥着非常重要的作用。

L幼儿园在走上学习型幼儿园改革之路之前，尽管幼儿教师个人追求的职业目标和幼儿园持续发展的长远目标有着千丝万缕的关系，或多或少地朝向个人与集体发展的共同的大致方向，但并未明确融为一股相容并生的、所向一致的共同愿景力量。换句话说，尽管学习型幼儿园的共同愿景来源于每位幼儿教师个体，但它并不等同于单纯的机械的个体愿景之和，而是高于个体愿景的，是将个体愿景精华汇聚于一体的，指向幼儿园整体与个体的共同发展、谋求两者共赢的既追求高远又能够逐步实现的目标。这也就意味着，创生学习型幼儿园的共同愿景，既要立足于每位幼儿教师的个人愿景，又要有技巧地利用个人愿景的指引与驱动能量。反之，忽视个人愿景的价值或者对于过于个性化的、鲜明强烈的个人愿景放任自流而不加以引导，反而不利于学习型幼儿园共同愿景的形成。那些不以幼儿园整体利益为参考的个人愿景就不可避免地会对接下来幼儿教师的协作分享、合作学习及共同筑就学习型幼儿园形成潜在的障碍。因此，各自为政的幼儿教师个人职业追求目标及相互竞争分割的个人学习发展愿景亟待融入学习型幼儿园建设的集体愿景中。因为幼儿教师个人愿景的辐射限值愈大、愈加分散，构建学习型幼儿园的共同愿景的难度就愈大。尤其是相比于跟风、从众或者好奇之类的无伤大雅的带有略微瑕疵的个人倾向偏差，容易被修正或扭转，那些看似并无大碍的“方向正确”的个人愿景，比如学习动机，或希望改善教学，或渴求专业指导，或追求先进理念等，其实才更加难以被聚拢，融为共同的目标追求及情感寄托。显然，追求真知、追求卓越是不应该也是不允许被否定的，而这正是难度系数加大的根源所在。

L 幼儿园在决定建设学习型幼儿园的初期有着良好的研究学习基础，但是这种良好的研究学习条件、氛围等是在长期的儿童教育教学改进实践中慢慢积累而来的，并不是在以幼儿教师为对象开展的教育研究活动中形成的，即幼儿园在建设学习型组织之前并没有特别地针对幼儿园内的幼儿教师这一主体进行系统的培训或训练，其本质上并没有强调幼儿教师的主体性。因此，尽管 L 幼儿园有着研究性学习型的园所文化萌芽，幼儿教师个体也有着积极向上的个人职业追求，但如若建设学习型组织，就需要吸纳全体幼儿教师为学习型幼儿园发展萌生共同的追求及目标，创生共同愿景。特别是对于集众多优秀幼儿教师与良好教研基础于一体的 L 幼儿园而言，建设共同愿景的首要任务在于协调幼儿教师各自为政的个体价值追求及目标愿景。有效整合这些差异，真正做到求同存异，这是改善幼儿教师心智模式的第一步。

项目团队组建初期谈不上什么凝聚力的，大家各有各的想法，不是说谁努力工作谁消极怠工，都挺好，但是就是差着那么一股子劲儿，可能就是没有那种共同的确定性的追求吧。甚至努力的动机、偏好的活动方式、老师个人的学习风格等都千差万别，就连幼儿老师们参加这个项目的原因也各不相同。有些是因为想要尝试新的教学方式，改变原来的教学活动方式；有些是因为希望专家教授能在教研活动上给予一些高水平的指导及上位价值的教育理念的引导；有些是因为项目本身，想了解最新的国际前沿的教育理念与教育活动；还有一些单纯出于好奇；还有一些是跟风从众的心理，看别人参与自己也参与进来；还有一些是所实习的班级的项目就是这个，完全是因为实习任务的场域选定而参加……

4.2.2 亟待向心凝聚力

难以将幼儿教师的个人愿景融为共同的目标追求也就失去了建设学习型幼儿园最重要的情感寄托“凝聚力”。而凝聚力是将学习型幼儿园中幼儿教师的共同的利益和价值目标结为有机整体的有力聚合力，正是由于存在这种聚合力，社会共同体才保持着自身的内在规定性，一旦凝聚力消失，社会共同体便会趋于解体。[①] 显然，具有共同的目标、需要、动机的幼儿教师才能够形成团结合作的社会心理力量，即促使学习型幼儿园保持其幼儿教师亲近一致、协调融洽的心理力量，从而激发集体效能感与心理归属感，增强幼儿教师团体成员之间的相互吸引力及幼儿教师团队成员之间的心理相容性，继而产生相互激励、提高行为效率的能量放大效应。学习型幼儿园中这种共同的愿景能够使全体幼儿教师紧紧地连在一起，淡化人与人之间的个人利益冲突，从而形成一种巨大的凝聚力。反过来讲，学习型幼儿园的强大凝聚力又进一步推动幼儿教师个体为群体的共同愿景不懈努力，进一步促进了学习型幼儿园目标的实现，以此进入不断实现共同愿景进而增强幼儿教师群体凝聚力，幼儿教师心理能量得以凝聚又进一步催生更加高远的共同追求的良性循环中。在此基础上，幼儿教师个体目标和幼儿园整体追求都得以达成，幼儿教师个体的专业成长与幼儿园的长远发展均得以实现，从而实现幼儿教师个体与群体的共赢。

L 幼儿园在建设学习型幼儿园之初，一心想要将幼儿园建成真正的学习型组织，于是埋头苦干，但忽视了价值观凝聚的重要心理力量的集合与合作共赢的心智基础。一次偶然的教学展示给了 L 幼儿园抬头思考的契机，成为 L 幼儿园决心凝聚全体幼儿教师志向，改善幼儿教师心智以及构建学习型幼儿园的关键事件。这次教学展示并不在 L 幼儿园建设学习型组织的计划之中，而是 L 幼儿园作为国培优质单

---

① 金炳华．马克思主义哲学大辞典［M］．上海：上海辞书出版社，2003：28.

位，当时正在开展的教学活动现场展示的一个缩影。正是由于教学展示的突发性及真实性的特点，将L幼儿园构建学习型幼儿园的真实面貌毫无保留地呈现出来，当其被置于可公开评判的位置上时，学习型幼儿园的构建成效及不足等便会无限放大。因而，L幼儿园在建设学习型幼儿园的变革历程中的心智转向问题得以暴露，这也就给予了身处其中的幼儿园领导及幼儿教师跳脱出来反思自身问题的机会。他们深刻认识到以往各自为政，只关注自身而忽略整体利益的模式不利于学习型幼儿园的持续长远发展，而将一个个初步发展起来的像孤岛一样的学习小组全部连接、团结凝聚起来才能真正建成学习型幼儿园。至此，L幼儿园在推进学习型幼儿园构建进程中切实意识到了共同愿景对幼儿教师团队成员发挥作用的凝聚力的巨大潜在力量。那么，聚合每个幼儿教师的个人愿景，萌生学习型幼儿园发展的共同愿景，并推进学习型幼儿园共同愿景最大程度发挥其应有的价值，成为走向学习型幼儿园变革之旅及推动学习型幼儿园及其幼儿教师团队成员持续学习发展的重要心理源泉。

> 小组活动的主题都是不一样的，起初研讨的时候也都是轮流讲，然后大家给你出主意，但是回到班里（小组中）还是各做各的，基本上没什么交集，也没想到要一起搞起来，反正在L_1园长和R_1老师提出这个问题之前大家应该是没有想到的，要不然会有老师提出来的，但并没有提出来。直到那次江苏的国培老师来参观的时候，我们才意识到，不能参差不齐的，一盘散沙成不了什么大气候，要好就一起好，虽然平时是分成了六个小组，但还是同一个班级，展示的是一个整体。有句话很通俗，但话糙理不糙，大家好才是真的好。各个小组都好了，咱们试点项目大家庭才会好，试点团队好了，咱们幼儿园才能更强大。

4.2.3 价值展示奠基石

那么，如何融合幼儿教师个体的目标追求及情感依托，如何增强幼儿教师的群体凝聚力，萌生学习型幼儿园的共同愿景，确定明确的共同价值观是学习型幼儿园求同存异的第一步。尽管幼儿教师的教育价值取向一般会集中在“什么是对幼儿最好的”这一问题上，但幼儿教师心怀各自的职业追求，各执己见，一时难以聚拢形成学习型幼儿园发展的共同愿景。在这种背景下，幼儿园的价值观往往也会表述不清或者疏于梳理，甚至幼儿园共同愿景都处于若有似无的状态。那么，如若幼儿教师并不清楚幼儿园的愿景，甚至没有感知到幼儿园共同的价值观，则更谈不上如何建立它。因此，创生学习型幼儿园共同愿景的前提基础便是明确告知全体幼儿教师当前幼儿园的共同愿景是什么、未来幼儿园的价值追求是什么。因为只有明确向幼儿教师展示幼儿园的共同愿景，幼儿教师才会有明确的奋斗方向，而不至于由于缺乏共同愿景的指引而单打独斗甚至迷失方向，幼儿教师才会凝聚起来共同为学习型幼儿园的建设团结奋斗，形成一股协力合作的强大力量。因此，在学习型幼儿园中，向幼儿教师明确展示以幼儿为中心的全体师生合作分享、持续学习的价值观尤为重要，这也为学习型幼儿园不断前进发展奠定了心理基石。

L幼儿园在意识到幼儿教师不清楚园所发展的共同愿景的情况后，当机立断为幼儿教师展示明晰的园所价值观，直观地展示了学习型幼儿园发展的价值观，以最直白的方式激起幼儿教师对共同愿景的最初的明确的认知。L幼儿园领导首先提出创生幼儿园的集体价值观，在全园范围内召集幼儿教师参与到学习型幼儿园建设中来，及时采取小步骤逐步推进、逐步推广的策略，并在构建学习型幼儿园的最初，召开了全体教师的动员大会宣布幼儿园进入学习型组织的转型发展阶段。其中，为实现幼儿园创新改革发展，L幼儿园向全体幼儿教师明确宣讲了幼儿园接下来发展的共同愿景，即以培养幼儿学习能力，促进幼儿全面发展为终极目标，以增进教育效能及专业发展为全体幼儿教师的职业追求，以合作分享、持续学习为幼儿园建设发展理念等，并且就每一条愿景目标逐一向L幼儿园的幼儿教师展开详尽的阐释，以征得每位幼儿教师的认同及恪守。当然，L幼儿园共同愿景经过了前期对于园所内全体幼儿教师的个体愿景的吸纳、聚拢、求同存异等一系列过程，再结合当前L幼儿园构建学习型组织的创新变革之势，才得以最终确立。因此这个愿景不是被命令的，而是全体成员发自内心想要争取、追求的，它使不同个性的人聚在一起，朝着共同的目标前进。由此结束了幼儿园没有统一明确的发展目标的混乱局面，为学习型幼儿园建设创生了明确的共同愿景，据此引领上层价值理念，厘清由愿景不清晰而导致的凝聚力不足、感召力不强、紧密度不够等心理建设障碍。在这个基础上，注重教师与幼儿的持续学习的共同价值观，引领幼儿教师走向合作分享、协作学习、共同发展的学习型幼儿园变革之路。

> 在集体价值观上，我们做得还有些欠缺，这个需要提上日程，并且刻不容缓。项目展示的时候小组之间的差距就体现出来了，这是一个，但还不是最紧要的，最紧要的是我们老师中间差着一股劲儿，一股拧成一根绳子的劲儿。所以，我想我们得先告诉老师们什么是我们的目标，并且得是明确告知，再不能放任自流，含糊不清了。你会发现，明确告知是最直接的办法，而且最有效。你想想，老师们本来就无法明确目标是什么，这个时候你要他自己发现问题自己找答案，还不是白白浪费时间原地打转转，说白了就是不负责任。因为我们想这次学习型幼儿园推进，不再是小打小闹搞个课题搞个名头出来，而是真的来场彻底的大的“改革”，这也是我们园转型的战略目标。所以这个目标愿景

要告诉我们的老师，要讲得明明白白，不过要准确传达这个信息，我们领导（管理层）还是下了些功夫的，之前就是忽视了，现在抓起来，重视这一块。

开始的时候，园长就找我们每个人谈话，真的是每个人，我工作以来，还没有过这么大范围的个人谈话，跟我们每个人谈职业规划、专业成长。然后就是召开全员会议，园长跟我们讲现在幼儿园到了转型发展的关键时期，告诉我们现阶段和未来很长一段时间我们L幼儿园的共同愿景是“以培养幼儿学习能力，促进幼儿全面发展为终极目标，以增进教育效能及专业发展为全体幼儿教师的职业追求，以合作分享、持续学习为幼儿园建设发展理念”。

4.2.4 远景近景共引领

一旦确立了幼儿教师持续学习的愿景，幼儿园就要着手考虑如何实现愿景。显然，这个共同的价值观或者说学习型幼儿园的共同愿景并非虚无缥缈的口号式的一句空话，而应是系统的可通过努力达成的触手可及的目标，同时又必须是可以引领幼儿教师个体及群体持续学习不断发展的高远追求。换言之，学习型幼儿园的共同愿景所表示的一种景象实为组织未来发展成功的目标、任务、事业或使命，它并非固定不变的纲领，而是顺势发展的不断调整的高远的持续性的追求；同时，它不一定包含具体的行动方案或行动策略，但它一定是比较具体的，是未来通过努力可以实现的。实际上关于共同愿景这两个定位并不矛盾，相反两者相辅相成，前者驱动，后者引领，成为推进学习型幼儿园持续发展的不竭动力。那么，努力寻求实现远景愿景与近景愿景之间的平衡成为重要着力点。这就需要设定一个总的高远的目标和为实现它而规划的一些具体的阶段性目标，幼儿教师需要继续学习与成长，持续不断学习与实践，以达成目标愿景，并不断更新愿景，以实现对学习型幼儿园终极目标愿景的无限靠近。换言之，学习型幼儿园的发展是永无止境的，其共同愿景也需不断更新、永不止步地去践行。故而，努力增进已经建立的注重教师与幼儿的持续学习的价值观，不能仅仅是表示强调或者支持。进一步讲，在刚开始阶段通常是园长设定将来的目标，但在执行阶段幼儿教师应尽快接手，承担继续实现和发展这种目标的责任。由幼儿教师共同创造和目标明确的学校愿景，极大地吸纳成员对学习型幼儿园的共同愿景和目标产生高度的认同感，形成共同的信念和价值观，进而发挥幼儿教师建设学习型幼儿园的主体作用，在动员学习型幼儿园所有成员以主人翁态度积极参与教与学过程方面会发挥很大作用。相反，没有共同价值观支持的愿景就没有灵魂，在引导教育实践中将毫无作用。

L 幼儿园将持续学习、不断变革的学习型幼儿园的这一共同的价值追求传达给每一位幼儿教师，为达成这个高远的目标，他们将共同愿景细化、阶段化，使其切实可行、能够逐步推进达成，而不仅仅是口号式的宣讲。L 幼儿园采取小步骤、分阶段的方式，将幼儿园的目标愿景划分为远大的、高远的、不断努力才可达成的引领性的远景目标和易于实现又有一定难度的、指向远大追求但又具体的近景目标。首先由园长带头，园长本身作为学习者不断学习、求知进步，向幼儿教师示范一个学习者应有的态度及行动，带领引导幼儿教师投身到自身的学习中去，以改善学习态度的心智撬动整个幼儿园建设学习型组织的决心。而且，L 幼儿园开展研讨会、教学交流、同课异构、读书会等教研活动引领及支持幼儿教师的持续学习，在不断渗透持续学习的集体价值观的同时，也为幼儿教师的持续学习及幼儿园的不断革新做了重要的支撑。另外，L 幼儿园还吸纳全体幼儿教师投身到学习型幼儿园共同愿景的创生中来，集思广益，不断萌生新的适切的幼儿园发展愿景，与此同时，还发挥幼儿教师的主体作用，调动幼儿教师的群体智慧，更好地激发幼儿教师对学习型幼儿园共同愿景的心理认同感及归属感，形成共同的信念和价值观。

学习型幼儿园，从字面上看就大概能猜到我们幼儿园的这个目标愿景是什么，对，持续学习。以前我们只关注幼儿，当然当前这是立园之本，但是要想有更好的发展，那就要集思广益，把老师们的教育智慧调动起来，加入老师们的力量去建设学习型幼儿园，这就不一样了，我们每个老师就是创造者，都贡献创新力量。所以说老师的持续学习、协作发展非常重要。当然这不是喊喊口号就行的，还要细化、要分解。你比如说，先从最简单的来，最容易上手嘛。首先就是个人不断学习的态度，时刻保持学习保持进步，我们不光要求老师们这么做，先从领导们（管理层）开始，带头示范，而且我们不停地强调，在大会小会上讲，然后考评老师，这也起个监督作用。其实也没有说一上来就太严格，像考勤那样的，总要让老师们慢慢适应，比方说组织同课异构或者读书会，形式不重要，就是为了告诉老师们，我们现在要向孩子们学习，保持好奇的心、保持学习向上的心。怎么更好地学习呢？我们分享、协作，就是这样，逐渐地把共同追求的持续学习的价值观慢慢植入老师们心中，逐步细化，分阶段进行，向着学习型幼儿园的终极发展目标靠近。

4.3　赋权增能：从集权走向分担的组织结构

学习型幼儿园在完成发起阶段的心智改善的基础上，逐渐进入真正的开展执行阶段，幼儿园从组织结构上开始全面着手推进学习型幼儿园的建设，也就是将幼儿园发展成学习型组织的执行的过程，是对学习型幼儿园发展的全方位重塑与改造，即结构的重组。从集权走向分担以转变领导管理模式，赋权增能的前提基础是园长领导角色的转变，在园长下放权力的基础上，将幼儿园权力重心下移，同时园长承担多重身份角色，引领、支持幼儿教师走上建设学习型组织之路，并与幼儿教师成为并肩作战的合作学习者。在这个基础上，多层次全方位培育幼儿教师权力，学习型幼儿园的组织结构从集权走向分担是一个循序渐进、逐步推进的过程，应从长计议，广泛吸纳学习型幼儿园组织成员各方力量。首先，吸纳外部专家学者增进幼儿教师团队的智力力量，尽管介入不是那么顺利，但切实发挥了专家学者的理论提升、研究引领的作用；其次，教研主任作为中间人在协调专家学者与幼儿教师的沟通交流、联通理论与实践的同时，为幼儿教师分享领导权做了榜样示范；再次，充分发挥普通幼儿教师的主体作用，引导幼儿教师分享领导权，由轮流主持到自发担任领导，逐步发展幼儿教师领导权，通过彼此分享以寻求更加有效、更加高质的协作学习与职业发展；最后，在幼儿教师团队发展起来之后，为推广拓展学习型幼儿园的发展，积极吸纳新的幼儿教师参与进来，以实现更大范围的共享领导权力，最终实现学习型幼儿园的追求目标，即全员参与、分享领导权、共同决策的目标。

4.3.1 专家：专业引领指导，带领团队受挫

来自外部的专业引领及指导对于学习型幼儿园这样一个组织非常必要，其构建需要专家的引领，以指导幼儿教师更有效地学习与发展，加速学习型幼儿园的建设进程。而一旦失去了专业引领，改革往往流于经验化而停滞不前，缺乏专业指导的学习团队也常常羁绊于繁杂琐事。因此，吸收专业人员的指导对于幼儿教师的协作学习与专业发展及推进学习型幼儿园的建设不可或缺，其不仅指引未来学习发展

方向，还能够在具体合作建设技巧等方面提供详细的建议。然而，专家的引领和指导也面临着“水土不服”的巨大挑战，这就需要专家在恰当的时机介入学习型幼儿园建设活动，自然地加入幼儿园中，并通过一定沟通技巧与幼儿教师建立良好的情感连接，以深入扎根到学习型幼儿园构建实践中。

专家学者的指导在学习型幼儿园构建中的作用举足轻重。在学习型幼儿园的构建过程中加入了专业的高位引领，那么学习型幼儿园就拥有了先进的专业理念及科学的前进方向。此外，专家学者对于学习型幼儿园在构建过程中的诸如幼儿教师沟通技巧的教授、发展进度的调整、方向的把握等方面的指导以及扶持矫正也可加快学习型幼儿园建设进程，避免学习型幼儿园偏离发展的正轨，陷于与学习型幼儿园建设无关的问题琐事的困境，或困于经验化的低效率的进展停滞，等等。

> 刚开始的时候确实有些慌乱，但毕竟是人家带来的项目，别的不讲，主要是我们都不会。后面还是觉得 S_1 教授蛮不错的，人家一个教授，每天来你班里帮你一起带小朋友，而且她会提出很多问题，带着这些问题去做，就有方向了，不至于没有目的了，S_1 教授教我们写成长记录，跟我们之前的那种每学期展示给家长的漂漂亮亮的本子完全不一样，这个是给自己看的，左边一栏记事，右边一栏是反思，非常实用，坦白讲，刚开始我也不知道记录些啥东西，后面慢慢地跟着 S_1 教授就有自己的思考了，有时候甚至右边的反思还有问题比左边的记录还多很多呢！还有，开始的时候我感觉讨论环节比较煎熬，每个人都要轮着说体会，说不上来的时候就还挺尴尬的，自由发言的时候大家就都不说话，就熬着等别人说。这时候 S_1 教授也不会硬要哪个人讲，她自己会提出一些问题来让大家思考，有时大家就会顺着新的话

题讨论起来，不活跃的时候就当作备留问题回去再记录，下次开会的时候再讲。

关于时机，L幼儿园走上学习型幼儿园变革之旅，源于一个新的教学改革的契机，即S_1教授带来的一个新的课程尝试——幼儿完整经验的学习。这个项目恰好与园长的学习型幼儿园发展理念相契合，因此得到园长的赏识及大力推崇，于是L幼儿园迅速做出行动，由S_1教授全权带队领导，选择了各方面条件较为成熟的大一班作为试点开展这一项目。两者的契合点在于幼儿教师需团队协作，分享学习，且需要组建一个专业教师学习共同体，这便是学习型幼儿园建设的前身渊源。尽管学习型幼儿园的幼儿教师学习团队还不成熟，甚至还不具备实质上通力协作的能力，只是形式上的存在，但以大一班为试点代表的幼儿教师学习共同体确是学习型幼儿园的发展雏形，幼儿园的发展模式正在悄然发生转变。

这个项目一开始就动静蛮大，选了我们班作为实验班，S_1教授先是来我们班考察了两天，第三天园长就通知我们按照S_1教授的意见来。头一天，我给小朋友上了一节美术课“周末去哪里玩”。S_1教授就要我们按照小朋友的选择划分了六个小组，选择摩天轮的一组、选择旋转木马的一组、选择长江大桥的一组……然后每个组安排一个老师进行指导，这个指导也蛮有意思，不要我们直接去指导，让孩子们自己组织。然后，就是观察孩子们的表现再记下来，就这样过了一个上午。然后中午碰头开会，轮流发言说小组遇到的问题、进展，还有一些特别的感悟什么的，S_1教授会针对每位老师做出点评、指导，还会提出一些问题。第二天带着这些问题再继续进行前一天的小组活动。这样一周下来，我们班的三个老师，主班老师、副班老师、保育老师，再加上S_1

教授，还有两个实习老师，我们六位老师每天就碰头开会，交流项目进展情况，也分享些心得……学习肯定占很大部分，因为这个全新的项目采用了以前从没有接触过的教学方式，有很多地方我们老师也不是很懂，就查资料、交流讨论，只不过中午就没法休息了，因为要碰头开会嘛……（笑）。

尽管她们意识到学习型幼儿园的改革并非一帆风顺，在推行学习型幼儿园建设这一改革之前，园长及专家已达成共识，决定共克时艰，共同为幼儿园的长远发展做出艰苦的努力。但没有想到的是困难在一开始便出现了，在改革之初就遇到了巨大的困难，改革进程甚至一度停滞不前。项目持续了大概一周以后，来自幼儿教师们的反对声音越来越大，他们对于专家及项目的介入非常抵触，对于陌生人的插入表现出各种不情愿，甚至怨声载道。其声讨的问题主要在于以下几点，担心幼儿的教育受影响、剥夺幼儿教师的休息时间、增加幼儿教师的各种负担、打乱原有的班级秩序等。归根结底，外部人员的介入打破了幼儿教师们对于幼儿教育的原有模式，在还没有建立情感连接的情况下就急于推进项目，过于急切直白的领导方式引起幼儿教师的反感甚至抵触。换句话讲，外来专业人员在没有取得幼儿教师信任的情况下，急于拥有对幼儿教师团队的领导权，以一个高高在上的专家学者的姿态对幼儿教师们的教育“指指点点”，没能同幼儿教师站在一起，更没有切实从基层幼儿教师的角度出发思考问题。显然，没有搭建起良好关系的团队失去了协作行动的情感根基，那么项目推进遭受重创不可避免，学习型幼儿园构建更是无从谈起。

那个所谓的专家非常无聊，突发奇想就要在我们班搞什么改革，弄得孩子们非常辛苦，简直就是“放羊”嘛！事实上，我们也跟着受累，每天做一堆的活动材料不说，还经常加班写什么鬼档案。而且中午还没法休息，开会讨论，让我们发言说孩子的表现，每个人必须说，就直勾勾盯着你要你说，我可不好意思，说得不好还被批评。再说孩子哪有什么表现，什么都学不到，还不是在那里瞎玩。况且，她自己带的那组也不怎么样，孩子们根本不喜欢她，还天天说我们这个说我们那个，我看她就是自己都不清楚自己要干什么，就过来瞎指挥！我倒要看看孩子们听不听她的……果然吧，这个星期没来吧，自己灰溜溜走了，耽误工夫，孩子们的集体舞都落下了不少。

4.3.2　主任：协调团队交流，连通理论实践

在管理层、指导层和教师之间开展对话，是构建学习型幼儿园、实现幼儿园成功创新改革的关键因素。当作为指导层的专家与一线教师之间难以形成理想的理论与实践结合的行动共同体，上层高位的学术前沿与基层实践的教育情境的通道不顺畅时，想方设法帮助团队成员增加知识储备、交换意见、建立新的专业关系，并进一步巩固原有的良好环境，是成功构建学习型幼儿园所面临的不可回避的挑战。

紧迫感成为学习型幼儿园持续进步的主要力量，这体现在学习型幼儿园构建的各个环节，并贯穿始终。那么，为保证学习型幼儿园建设进程的节奏紧凑有序，就需要一个能够上通下达的协调员来畅通对话，以保证行动迅速不拖沓，学习团队紧密不松散。L 幼儿园中 R_1 老师就是最合适的人选，她扎根教学 20 年，担任教研主任也有十多个年头，既能够迅速领会领导的指示，又能准确抓住幼儿教师的心理需求及教学需要；既能够俯下身来深入教学实践，又能够提纲挈领提升教育理念。

项目开展一周后遇到了困难，在停滞了两天之后，也就是第二周的星期三，园长找我谈话，要我加入这个项目中来，以辅佐S_1教授推进项目，帮助老师们真正参与进来。园长、S_1教授和我，我们三个人在孩子用早点的时候简短地交流了下。我跟随园长做教研多年了，本来我们幼儿园跟S_1教授就是老相识，已经合作过很多次了，所以一上来寒暄几句后就直奔主题。园长短短几句话，我就很快明白了幼儿园目前的处境，然后我们仨就应当调整的大致方向以及一些方式方法交换了彼此的意见。没来得及回办公室拿材料，我就径直去了大一班。

一看到R_1老师来到我们班，我就放下心来了。前一天刚下过雨，地面还没干，所以当时我是在班里带操的，也不需要说任何话，R_1老师就跟我一起领舞。共事十多年，她一直是温和亲切的，她经常来我们班帮我们带娃。带完操后，她跟我聊起最近班里的情况，说实话，我抱怨了一通那个项目……然后她跟我说让我再试一试，她表示会过来帮我一起，我自然是开心的，有R_1老师在，事情总会轻松点。说实话，我当然也希望班里发展更好，也希望小朋友能学到更多！

教研主任肩负着协调指导专家与幼儿教师的重任，在两者之间搭建沟通的桥梁。在学习型幼儿园构建实践推进受阻的情况下，教研主任临危受命，艰巨的困难任务考验着其应对能力和调和技巧。R_1老师始终如一的亲和的处世态度及其专业的业务能力为其打下了良好的群众基础，幼儿教师信赖她、信服她。一方面，她从幼儿园的实际出发，调整了会议时间，切实调和了幼儿教师的工作负担与心理需求之间的矛盾，跟幼儿教师站在统一战线，得到幼儿教师的支持。另一方面，为营造轻松的会议氛围，她更改了会议地点，由原来低沉的压抑的场景转移到宽松的较为舒适的场域。这时再由幼儿教师熟悉信任的教研主任重新引荐外部的专业人员，团队成员也随之放松下来，那么也就逐渐卸下了心中对陌生人的警惕感。一切准备就绪后，学习型幼儿园开始向着良性互动的方向发展。

在项目中断了两天以后，周三这一天，R_1 老师加入了我们这个项目，上午照常进行小组活动，中午的会议暂时取消了，因为这个确实影响老师们休息，R_1 老师建议将会议时间改为早餐后的休息时间，并且将临时会议地点（孩子们午休后的班级活动室）改到了 R_1 老师的教研办公室。在 R_1 老师的办公室里，我们不用再压低声音交流了，老师们的交流也大声了些、大胆了些。前一天刚下过雨，那天的天气格外好，阳光透过窗子照进来，洒在办公桌的绿植上，也可能是一大早的原因，老师们个个神清气爽的，会议气氛也轻松了许多。这是我第二次见 R_1 老师，昨天恰巧是和她一起开展小组活动，开始她并没有拿出老教师的架势教我怎样做，在我进行不下去的时候，她才接手过去，解决了我的燃眉之急，所以 R_1 老师给我的第一印象非常好，简直令我折服！事后跟同事聊起 R_1 老师的时候才知道，原来不止我一个人打心底里信服她。

领导管理最好的方式是轮流或者分享领导权，在教师群体中培育领导权是推进学习型幼儿园真正走向成功的重要举措。换言之，领导者最好的归宿是成为“不作为”的非领导者，因为擅长讨论的团队并不需要领导角色，但是成为一个推动者并拥有必需的团队沟通技巧是胜任领导角色的条件。显然，教研主任参透了领导的真正意义，她以较低的姿态参与到学习型幼儿园的团队小组中，作为合作学习者同他们一起面对困难、解决问题。R_1 老师没有按照既定的规则指定自己或者专家担任团队领导，她主持会议但不担任领导，提出建议但不评判对错。在民主自由的研讨会议文化中，幼儿教师自然会敞开心扉，其对话不再受到限制，其触及的教育问题的广度和深度也大大放开。

这次的会议完全不同，当时我心理上实际上是有些受挫的，会上我默默坐在沙发上，等着 R_1 老师先开口主持。R_1 老师说因为自己前期没有参与，所以很谦逊地请老师们跟她介绍一下，然后甚至请教老师们各种困难应该怎么解决，其实我觉得她是在用示弱的方式融入，通过大家“帮助”她解决问题的方式激发老师们的讨论热情。这样一来，老师们不再是被指导者了，而是开始指导别人了，这个主人翁的角色非常好，调动了大家的积极性，在这之前我是完全没有想到的。后面我开始反思自己的处世哲学，渐渐向班里的老师们靠拢，我发现，老师们对我好像开始接纳了。后面的研讨，我学着 R_1 老师的方式，我们两个人都不去领导这个晨间组会，而是抛出问题，让老师们自由发言，尽量不去对老师们的观点做任何判断性的评价，只是必要的时候才去主持一下。逐渐地，老师们开始袒露心扉，当然也是有抱怨吧，不过这都是我愿意接受的，大家都是为了这个项目，可以理解的，更多的还是比较积极的探讨。

4.3.3 教师：自发担任领导，初尝权威效能

众所周知，园长是幼儿园改革的关键人物，因为其不仅掌握着幼儿园的结构与环境，还引领着每一位教师的专业发展。然而，反过来讲，如若换个角度去思考幼儿园变革，我们意识到，尽管园长的行为十分重要，但是教师对于园长行为的看法在某种程度上似乎更加具有现实意义。幼儿教师对园长行为的看法和反应在学习型幼儿园的构建

中发挥了重要作用，这些看法和反应决定了其是否愿意支持园长的行动。没有基层幼儿教师的努力，学习型幼儿园的建设将成为一纸空谈。

随着学习型幼儿园试点项目逐渐成形走上正轨，团队成员也愈来愈活跃，尝试分享观点，共同解决问题，文化氛围逐渐也变得更加宽松和谐，良好的团队秩序便由此建立起来。在此基础上，幼儿教师之间的连接更加紧密，他们开始“抱团取暖”，集体合作，彼此分享以寻求更加有效、更加高质的协作学习与职业发展。显然，幼儿教师本身已经意识到这种由单打独斗到共同协作带来的转变，而变革的关键在于改变传统观念，即认为领导权只是管理层的事情，与普通幼儿教师无关。幼儿教师不再是传统意义上上下级关系中的追随者，而是自视为学习者及领导者团队的成员。当然，这个过程不是一蹴而就的，而是循序渐进、慢慢转变的。在“人人踊跃发言、人人认真倾听”的团队里，逐渐建立和分享领导权，团队自发形成领导，开始选择那些有威信或学识的优秀的人担任领导，如 R_1 老师、S_1 教授；接着是具有冒险和创新精神的人，他们有想法、有点子、有勇气，如 T_2 老师、T_5 老师、T_7 老师等一大批一线幼儿教师；然后是团队中的每一个人，或许初任领导时有过彷徨、有过胆怯，但最终主持管理得游刃有余；最后由轮流担任到主动担任，彼此领导和服务已经成为一种角色模式，甚至还促进了幼儿领导权的发展，这一点将在后面章节提及，此处不做赘述。简言之，领导的帽子不再是单纯的传来传去，而是任何人在任何时候想戴就戴。

开始都是由 R_1 老师和 S_1 教授两个人主持小组研讨会，大家都会去讨论、交流什么的，有时候争论还蛮激烈的！我发现，老师们想法还蛮多的，完全不是平时看到的那样，特别是那个 XM 老师，她的问题最多，感悟也最多，想法也最多。有时候她说得蛮多，基本上就成了她主持了，不过效果并不差。然后到后面 R_1 老师就说大家都很有想法，而且每个组的主题、进度都不同，就提议每次重点讨论一个组的活动，由这个组的老师主持研讨会议，这样子就成大家轮流主持了。说实在的，刚开始我是不太适应的，不太好意思，信心不足，也没有什么底气，担心自己讲得不好，第一次主持，我准备了蛮久的（笑）。不过那之后感觉也没什么的，我也是可以当领导的（笑），领导也不是太难嘛！再后面就比较顺了，也不用再轮流了，有时你的任务着急些就你先说，他的问题棘手些就他先说，没有规定谁当主持，谁是领导，我们项目组的老师都是领导，都可以主持。（T_1 老师）

领导权终于转向普通幼儿教师，便意味着学习型幼儿园中幼儿教师集体分享领导权。与此同时，幼儿教师的角色发生真正转变，由追随者变为领导者，由活动的参与者变为主导者，开始自我领导、自主决策。那么，幼儿教师的职业效能感便被更大程度激发，担任新的角色的领导的权威感也随之产生，其领导团队带来的积极的社会影响所赋予的愉悦感及满足感充盈在幼儿教师群体中。由心智改善及角色转变带来的效能感、权威感、愉悦感、满足感等这些微妙的体验终将成为增强幼儿教师集体自我领导、协作发展的有效力量，反过来进一步增强其积极构建学习型幼儿园的信念感及责任感。概言之，在幼儿教师集体中培育的领导权是一种良性循环的螺旋上升的互惠的领导权。在 L 幼儿园，园长鼓励幼儿教师们承担新的角色，完全信任她的教师团队，允许幼儿教师以自己的速度和方式学习和工作，认可教师变化的能力，园长不过多干涉这一态度就表明了其对幼儿教师的信任，对幼儿教师判断力的认可，使幼儿教师感受到他们的决策意见是有价值的、受重视的、被采纳的。在学习型幼儿园中，幼儿教师本身就是专家，没有人比幼儿教师更了解幼儿，更懂得如何去教育幼儿，来自园长的坚定支持及认可增强了幼儿教师的自信，这种被信任感使得幼儿教师拥有更多自主权的同时，也担当起更多的责任。换句话说，当幼儿教师变成幼儿园的主人，不再事事都听从命令，有了自主决策的自由时，便有了努力工作和尝试新事物的动力。不过，仅仅依靠园长一个人的力量是不够的，幼儿教师的自信还需得到外部力量的认同。虽然学习型幼儿园的建设是一个过程，不是终极的结果，但是幼儿教师的担忧也是不容忽视的，正如 T_2 老师所说“摸着石头过河，也不知道最后能不能成”。由于项目结果反馈本身的延迟性特点，直接影响幼儿教师的自信度，因此在采取一定的举措匡正幼儿教师对于学习型幼儿园本身的理解的同时，更加有必要为幼儿教师排除疑虑，增强其信念感。外来教师的参观给予了他们一个一举多得的好机会，一方面，园长有信心展示我们的“半成品”，用实际行动告知幼儿教师，学习型幼儿园的建设是一个不断创新变革的过程，没有终极结果，不应急于求成，每一次好的变化都是进步，都是成功。另一方面，来自外界的高度赞扬、积极反馈，是对幼儿教师最好的认可，幼儿教师依靠自身的体验感知成功。

园长也参加过我们的晨会，那也是唯一的一次。领导在场还是有些不自在的，那天会上大家明显严肃很多，拘束了些，说了说头天的情况、问题什么的，然后象征性地讨论了几个问题。X园长相当于只是旁听，拿着她的笔记本记，也没说什么，就会议结束的时候说我们开展得很顺利，她还开玩笑说“我是来学习的，结果大家好像不太想教我呀，也好，你们都是专业人士，人多力量大，说什么都对哈哈”，我们X园长就是这样的，又谦逊又亲切的。不过后来园长就再没参加过了，应该是不想打扰我们吧……过了一天，园里就通知江苏省幼教国培的老师要来参观我们幼儿园，这个很常见，毕竟我们是省级示范园，这种活动经常有，我们都见怪不怪了。可是，园里单独通知我们重点进行课堂展示，特别强调不用额外做准备，就按平时的来，按照我们自己的进度来。开始我是比较慌的，担心会出什么差错，因为从室内转向户外才第二天，而且是把原来的小的塑片和积木换成特大的建构积木，头一天孩子们也就是刚刚熟悉了下场地和材料，还没有真正开始搭建。所以对于园里的决定我是有点吃惊的，毕竟项目才刚刚开始，还没有什么像样的成果可以拿得出手，不过园长都这么决定了，那就是说我们“行”！你还别说，那天展示效果特别好，放开手来，孩子们进步很多，而且我们几个老师合作得也非常不错，嗯！来参观的国培老师说，我们的项目、老师、孩子都“很棒”！

4.3.4 新人：注入新鲜血液，助力共同决策

随着在幼儿教师群体中“领导者”这一角色的轮换与变更在试点团队中方兴未艾，学习型幼儿园的建构也随之渐入佳境。那么，为了继续推进学习型幼儿园建设，扩大既得利益群体，让更多的幼儿教师参与进来，分享领导权，提升共同决策效能，共同为建设学习型幼儿园奉献力量成为当务之急。一方面成为未加入学习型幼儿园试点项目的外围幼儿教师好奇、跃跃欲试的民心所向，另一方面亦顺应推进学习型幼儿园走向更高层次、更广意义的必然趋势。尽管如此，我们仍需认识到，推进过程并非一蹴而就的，每一次变化都是进步，每一次变化也都面临着巨大的挑战。换句话说，在学习型幼儿园的创新建设过程中，幼儿园并没有太多的经验可以汲取，基本上是摸着石头过河，每一步都走得谨小慎微，改革路上稍有差池，努力便可能付诸东流。因此，尤其是考虑到全园的变革发展，更需从长计议，循序渐进地推进。

以学习型组织的新的创新变革发展模式完成整个项目活动流程之后，初期小规模的试点教师团队发展也渐趋成熟，接下来便是试点的推广，即组织的扩展阶段。这个阶段亦是为下一阶段的真正执行打基础做铺垫的必不可少的环节，是承上启下的过渡阶段。这阶段也最易产生执行偏差，即由速度过快、规模过大、资源缺乏、技术跟不上等种种原因导致的失败与挫折可能接踵而至，也是大多数失败的学习型组织“跌倒”的地方。因此，为克服这一推广瓶颈，L幼儿园作为学习型组织显然不会轻举妄动，尽管变革总是激进的，但推进全园的创新发展需谨慎筹划，各方通力协作。为此，L幼儿园坚持小步骤拓展原则，采用引进吸纳和推广指导相结合的方式，推进学习型幼儿园的发展。概括而言，增加一个班级，与原来的试点班级共同协作，同时开展新确定的主题活动，合力推进学习型幼儿园的构建。一方面，委派原班级的精干教师到新的班级团队中去指导，与新引进的幼儿教师共同合作学习；另一方面，调一批新加入的幼儿教师到原班级团队中，共同协作发展。换言之，两个班级的成员相互交叉，而后两头同时推进，但研讨学习仍一起开展。程序上，分组由 A_1A_2/B_1B_2 变为 A_1B_1/A_2B_2，研讨则为 $A_1A_2B_1B_2$。表面上看，调整步骤清晰明了，调动简单，但此时团队成员足足扩大了一倍，其中每个环节都需考虑众多事项。具体而言：班级的选择上，原有班级愿意接纳新班级、乐意分享经验，积极帮助扶持新班级加入等均需园长事先为其做好心理建设；活动主题的选择上，既要兼顾两个班级幼儿的心理需求及发展需要，又要考虑两个班级幼儿发展水平差异、兴趣差别，还要照顾两个班级幼儿教师的擅长领域与学习发展诉求等一系列问题；分组搭配上，需考虑教师之间的沟通技巧、重新组建教师班集体之后协力组织活动需克服的困难、团队研讨会规模偏大带来的障碍；等等。尽管每一个问题都棘手，每一个决定都至关重要、不容出错，但新人的加入为学习型幼儿园的构建注入了新鲜血液，使得教研学习思路更加开阔、组织建设更加成熟、职业技能发展更为精进。挑战巨大，但收获会更多，“路漫漫其修远兮，吾将上下而求索”。

元旦之后的一个星期五的晚上，L_1 园长和 Z 园长为我们举办了庆功宴，规模并不大，就是一次小聚餐，那时候长江大桥项目其实差不多成熟了，S_1 教授的项目也基本上结束了。那天晚上餐厅环境蛮好，气氛也蛮好，我们大家都很开心。然后园长说之所以没有在园里举办（一般都是在多功能报告厅举行的），一是因为第一个选了我们班，怕别的班的老师会吃醋；二是因为还是想私底下先征求我们的意见，说因为我们是“专家”，问我们同不同意当大家的“专家”，也去教一教别的班的老师；三是因为元旦了，也给我们这些“功臣”开个小灶放松下。这是自然的，园长对我们这么好，有啥好事都先想到我们，我们也愿意帮园长，愿意为园里发展做事，何况还是当“专家老师”，是蛮好！走的时候，L_1 园长要我们回去想一想和哪个班结对合适。对了，那天我还把跟我一个宿舍的 ZZ 老师也带去蹭饭了，她是大五班的配班老师，我事先问了我们 Z 园长，她欣然同意，我俩形影不离的，她一个人过周末蛮孤单，平时在一个寝室，又是老乡又都是配班（老师），我们两个经常交流工作上的事。过完周末，周一早上我们项目组开例会，这次会议主要讨论以后工作方向的调整、新的项目主题，以及就与哪个班进行结对做了投票，我的好姐妹入选了！一来我们两个班的老师走得近些，交流起来方便，二来 ZZ 老师早就知道项目组的不少情报，她熟悉得很！再说 ZZ 老师经常陪我加班，有时候还帮我们搞，说实话人家付出也蛮多。

4.4 共享实践：自主建构转向交互实践的驱使推动

学习型幼儿园在完成发起阶段的心智改善的基础上，逐渐进入真正的开展执行阶段，幼儿园从组织结构上开始全面着手推进学习型幼儿园的建设，也就是将幼儿园发展成学习型组织的执行过程，是对学习型幼儿园发展的全方位的重塑与改造，即结构的重组。自主建构转向交互实践，以改善组织管理模式，在构建实践中持续推动学习型幼儿园完善发展。这一层面则在日常的教学实践中穿插开展、同时进行，在幼儿教师个人反思与集体反思的基础上，开展成员之间的相互质询工作，之后开展幼儿教师教学观摩活动，在观摩的基础上进一步做针对性的教学研讨，最后总结教学研究过程，将学习与实践结合，开展幼儿园行动研究，形成“反思—实践—再反思”的循环过程。在这个螺旋上升的过程中做到反思与质询互补，观摩与研讨相辅，教学与实践相结合的交互。

4.4.1 反思质询互补

在学习型幼儿园建设过程中，作为主体的幼儿教师学习，是基于幼儿园教学工作实践的学习，有赖于幼儿教师个体的自主学习与群体的合作学习。社会建构主义观照下的教师学习，既主张教师基于自身已有的知识经验主动建构知识，更关注教师在一定情境中与集体互动的建构。进一步讲，指向自主学习的个人实践知识的反思及其在此基础上的进一步质询，与合作分享型的群体学习的教学实践观摩及其在此基础上的深度研讨两者互为补充，共同推进幼儿教师实践智慧发展，深入挖掘幼儿园教学实践的价值，推进幼儿园走向更高层次的学习型组织。具体而言，个体由于专业特长、专业发展等各方面差异，以及承担的任务不同等，有不同的学习需求，基于此幼儿教师以个体自主学习为主，比如反思日记、自我质询等活动。与此同时，幼儿教师个体带着已有的知识经验以及对新学习知识的理解或困惑，参与集体观摩研讨等合作学习活动，“通过与专业共同体内的专业伙伴进行合作、对话来发展自身的专业性”。[①] 幼儿教师通过讨论与分享，借助集体的力量解答疑难，共享团队其他成员研究和学习的成果，这成为幼儿教师个体知识的生长点，并且幼儿教师群体还可以通过互动建立起比较稳定的、超出个人能力的集体智慧。

不管是采取自主学习还是合作学习的方式，幼儿教师的学习都具有成人学习的独有特征，即以自我需求为导向、以原始经验为基础、以主动求知为特点、以工作任务为驱动。幼儿教师开始真正意义上的自我反思便是幼儿教师学习觉醒的标志。教学反思是幼儿教师以自己的教学活动和“自我”为思考对象，对自己的观念行为、决策以及由此产生的结果进行审视和分析的过程，是一种通过提高自我觉察水平来促进能力发展的过程，是进行创造性劳动和超越自我的过程。教学反思有利于幼儿教师对“专业知识场景中的幼儿教师个人实践知识”进行激活、评判、再认与更新。L 幼儿园教师凭借对每日教育事件的分析，有意识地反思个人实践知识，揭示自己习以为常的行为背后的教育思想和教育观念等，有助于幼儿教师逐步摆脱传统的禁锢，从而获得自我分析、自我超越的意识和能力。教师通过反思，对日常的教育教学过程进行全方位的考察，打破了原来近乎沉寂的平静，将所有理所当然的理念悬置起来，以怀疑、批判的态度重新审视，以积极的心态分析过程和结果的教育意义与价值，反思自己的教学理念与教学行为，追求教学方式的改进与优化，这也就促使幼儿教师提高工作绩效。这种时时研究的行为，也是教育应有的一种教学生活方式。另外，反思是“内化”，记录反思则是“外化”。将反思的过程记录下来，有利于反思的条理化、深刻化和操作化（见表 4-1）。记录反思的过程就是以文本的方式如教育反思日

① 周成海. 基于建构主义学习理论的教师专业发展［J］. 大连大学学报，2015（1）：127-130.

记、教学后记、教学质量分析、教育叙事、教育案例等呈现出幼儿教师对教育教学事实所进行的思考和评判。

原来也写反思日记，就学期末的时候赶紧补一补，园里要进行学期检查，所以也就那么回事，大家都懂。现在是每天写，总结一下今天的情况，开始主任没有要求的，是我看班里MM老师她写，我觉得蛮好，就也跟着学，后面主任说这个方式蛮好，就帮大家打印了有边框的这种比较规范的纸发给大家，每个人还发了一个大文件盒还有文件夹。记录表的左边是幼儿表现，右边是解读，写下孩子的成长、进步或者说是发现的问题、活动结构的调整方向，最下面是备注，这个地方就写下自己的感悟或者疑惑，还可以写自己想到的应对措施、新的点子什么的，反正就是你能想到的只要觉得有用就什么都可以写。我觉得MM老师这个记录表蛮好，一是自己能够及时记录下来自己看，不至于第二天例会讨论的时候脑袋空空，讨论的时候才有会有侧重，对接下来带小组活动也是很有帮助的。二是还梳理了自己的思路，自己在写的过程中也是思考的，我其实很享受每天放学后这个记录的时间，虽然短短几分钟，但是你的心会非常静，这实际上就是个帮助自己思考的过程，感觉自己不再是每天碌碌无为了，做的事情是有价值的……比较的话，那非常明显了，以前是应付公事，现在是自己反思，效果完全不一样的……时间上的话，虽然每天都记录，一点都不觉得是任务，我刚刚也说了，这是个享受独处思考的好时光。

表 4-1 反思记录表样例

<table>
<tr><td colspan="2">幼儿表现</td><td>解读分析</td></tr>
<tr><td colspan="2"></td><td></td></tr>
<tr><td>备注</td><td colspan="2"></td></tr>
</table>

在反思的基础上进一步质询，能够推动幼儿教师更深层次地思考，进而推进幼儿园向真正意义上的学习型组织发展，在全园幼儿教师学习、反思、质疑、再学习的良性循环中成为名副其实的学习型幼儿园。质询，顾名思义，即质疑询问的意思，指通过思考提出疑问，继而发问，以求解答疑问并深入思考追求真理的过程。学习型幼儿园鼓励并支持幼儿教师在教学及学习中自我质询及相互质询，追求幼儿教师间的深度对话及教学有效性，同时培育幼儿教师的质疑精神及批判思维，促进幼儿教师专业发展与成长，还潜移默化促进幼儿质疑精神及批判思维的发展，最终实现全员批判创新思维的发展，以实现学习型幼儿园持续长远发展的终极目标。众所周知，质疑精神的培养是一个漫长的过程，要给予幼儿教师充裕的学习成长的时间，按照幼儿教师自身的发展速度进行，不可急于求成。况且中国在以和为贵的传统价值追求下，培育幼儿教师的质疑精神尤为艰难，更要讲求方式方法。显然，L 幼儿园在推进学习型幼儿园建设的道路上，看到了质询对于幼儿教师学习成长的价值，与此同时也注意到其推进的困难。因此，L 幼儿园扎根于日常的教学实践活动，就项目小组活动逐渐开展幼儿教师的自我质疑、自我否定、自我修炼、他人询问、他人解惑、他人质疑、共同思考、共同解疑答惑这样一个循序渐进的质询过程。一方面，基于教学实践这种明确的对事不对人的态度放松了幼儿教师对他人"插手"自己教学事务的警惕，缓解其对抗紧张的情绪，使其更易接受他人质询；另一方面，延缓了幼儿教师质询的步伐，适应了幼儿教师对外来的价值观的接受速度及程度，使其更易接受公开的质询。

除了反思，园里还要求我们质询，质询你知道吧，就是自己质疑自己和别个（人）质疑你，这不是目的，最终目的还是深度学习深入思考，只有相互提问发问，才能想得更远不是吗。我也是班门弄斧，开始主任提这个词儿的时候我们也觉得很高大上的，云里雾里的。后来了解了，说实话真的高大上（哈哈……），不过可以实现，这个词儿在园里特别是我们项目团队里，很长一段时间都相当风靡……关于具体怎么做，开始就是先简单点，要求我们每天问自己一两个问题，自己试着找答案，那个反思记录表这个时候就很实用了，在备注上面写就是了，不过也不能敷衍，因为确实是小组活动中遇到的问题，也是为了解决问题，自己带小组活动也带得更好。没说质询的时候，一般都是有问题的时候写备注里，没有就不写了，所以你会发现早期的记录表下面的备注栏空着的时候蛮多，后期的就没有空的了。而且有时候问题下面还写着自己找到的答案，写得很满，所以后来我们这个记录表也调整了，备注那一栏留的空大了很多的……自己找答案，一般我就是自己静下心来想想，真的静下来的时候思绪都清晰深刻了许多。有时候我也会翻翻上大学那会儿的书，本来上班这么多年感觉都忘得差不多了，翻箱倒柜找出来再看的时候很感触，而且跟以前上学那会完全不一样了，会有新的感悟发现，可能就是有教学经验了，理解更深了。再有就是上网查资料，实在想不出我有时候也会问实习生，毕竟人家是研究生，也会和班里的老师们讨论交流，和同事交流，遇见园长主任的时候也会问，是领导要我们多问问题的，逮着领导就要追着问，哈哈……然后慢慢地就是同事之间相互提问，我们说好对事不对人的，主任要我们注意提问方式，所以开始的时候我们这个记录表都是匿名的，开会之前轮流看，谁也不知道是谁写的，这样就敞开了说，不管是提问还是回答都不用避讳什么，特别是我这样说话没轻没重的，脸皮儿薄，指名道姓的不好，而且我们这些资历浅的老师们也可以大胆说了，不怕说错了。

4.4.2 观摩研讨相辅

学习型幼儿园中的幼儿教师学习不仅注重其个体的自主学习，同时重视个体之间交互的合作学习，这也是学习型幼儿园教师学习的显著特征。因此，除了立足于幼儿教师自主学习的反思质询，幼儿教师不断进步的另一途径是依托于合作学习的观摩研讨。"观摩"一词出自《礼记·学记》："相观而善之谓摩。"[①] 顾明远教授在《教育大辞典》里进一步对"观摩课"进行阐释："为传达某种教学理念或者推广先进的教学经验，教师间相互听课，切磋教学技艺，共同探讨教学规律，从而达到共同学习提高的一种教学组织形式。"[②]据此，观摩课的核心价值应在交流研讨和导向示范方面。一方面，通过现场教学展示，推动学习型幼儿园项目小组实践活动常态教学的研讨与反思，进而促使项目小组实践活动日臻完善；另一方面，通过收集幼儿教师观摩研讨后的听课心得或感受等反思性信息反馈，推陈出新，及时传达学习型幼儿园项目小组实践活动教学改革的重要信息，从而发挥观摩课应有的导向示范功能。[③] 简言之，就是让幼儿教师能从活动观察者的角度去审查、评判教学；从学习者的角度去反思、借鉴教学；从探索者的角度去琢磨、改进教学。L 幼儿园项目小组实践活动每时每刻都是可以被观摩的，并且欢迎任何老师来观摩教学，这打破了关起门来教学的传统教育观的桎梏，给予了幼儿教师学习他人、借鉴经验的机会，顺畅了幼儿教师之间的交流研讨与教学研究的通道。换句话讲，观摩教学活动敞开了幼儿教师教学活动的大门，也就打开了幼儿教师欣然接受外界的评价建议的心扉，从而推进幼儿

---

① 林琳，朱家雄．学前儿童美术教育与活动指导［M］．上海：华东师范大学出版社，2014：133.

② 〔美〕内尔·诺丁斯．幸福与教育［M］．龙宝新，译．北京：教育科学出版社，2014：274-275.

③ 〔美〕罗恩菲德．创造与心智的成长［M］．王德育，译．长沙：湖南美术出版社，2002：18-23.

教师教学实践从封闭教室走向公开场域，从私人化的教育职权走向共享型的教学研究。

> 原来也有的，公开课和观摩的概念完全不一样。公开课就是分两种，一种是考核老师的，比方说新教师，主要是给他提问题评价，然后改正进步；另外一种就相当于展示课了，这种就是讲得好的老师给大家上示范课，一般是给来参观的人看的，那自然是完美的，事先反复磨课，磨上一个学期都是有的。现在的观摩课都是随时可以来的，更准确来说是观摩活动，不用为了给别个（人）看提前准备，是什么样就是什么样，不用美化啥的，更不会弄虚作假。比方说，一个小组是一个老师带，那实习生或者主任过来的话，他们可以帮忙做助教，大家都希望他们来，也不管你是实习生或者主任或者教授或者别的什么，来就好哈哈，很容易理解，减轻负担嘛！关键这个时候他们从旁观者角度观摩，好的地方就学习，不好的地方就提出来改进，有疑惑的时候还可以跟小组的老师讨论，所以大部分是有老师观摩的时候，小组活动进展更好，先不说师幼比上来了，首先对于个人来讲人多力量大，两个人的智慧总比一个人强，况且别人总是可以看到自己看不到的问题。

所谓观摩，“观”是第一步，“摩”是在其基础上的切磋琢磨，即研讨，是观摩学习的关键所在，有助于提炼教学精髓、提升教育高度，引发幼儿教师深刻思考、深度学习。进一步讲，基于日常教学实践的研讨贴近幼儿教师的工作生活，更易触发调动幼儿教师原有的学习经验基础，激发学习热情，使其真正参与进来深入学习。另外，在幼儿教师群体中研讨能够激发幼儿教师之间的思维碰撞，互相启发，互相补充，促进深度思考。同时，学与论结合，能够促进幼儿教师取长补短，相互融合，发展合作学习能力，促进学习型幼儿园持续发展。L幼儿园在幼儿教师的研讨过程中给予幼儿教师更多自主发挥的空间，不拘泥于形式，随时随地研讨，使实践知识唾手可得，研讨制度化、常态化。与此同时，培育幼儿教师的群体研讨意识与能力，L幼儿园并没有舍弃集体研讨学习的正式研讨形式，相反，充分发挥正式研讨的团队效用，集思广益，为学习型幼儿园建设奉献团队力量。固然，研讨过程中的友好交际氛围尤为重要，因为良好的交际氛围是紧密连接团队成员及促进幼儿教师合作学习的环境基础，对于幼儿教师团队的持续学习与长远发展不可或缺。但L幼儿园并未一味地追求和谐，他们主张就事论事、倡导直抒己见、推崇直言不讳，为幼儿教师之间的研讨打开了广开言路的局面。进一步讲，只有充分讨论甚至激烈辩论才能真正发挥研讨的应有价值，而单纯的和气只会阻碍学习型幼儿园的组建及学习型幼儿园的长远发展。

好就好在观摩后的研讨，不讨论你就不能深入，建议也好，问题也好，有时候就是这么你一句我一句聊着聊着就会发现，问题解决了，新的点子也出来了。真的是，自己一个人的话，想破脑袋你都可能找不到出口，就是这样不停地磨啊磨啊，效果蛮好，思考问题都深刻了，都是相互学习，观摩的被观摩的都有收获，关键大家都是为了我们这个项目……除了助教这个形式，还有就是不定期的我们项目组集体观摩，就是说集中观摩一个小组，全方位指导，这时候就不再是那么随意地有问题多说没问题少说，而是专门研讨，每个人都来谈发现的问题、做得好的地方，说白了就类似于大脑风暴那样集中火力“炮轰”你一个……不会（紧张）的，说是“炮轰”，其实就是恰巧随机选到你们这个组而已，说得更多的是小组活动和孩子，又不是专挑老师的毛病，当然有问题也是要指出来的，哈哈。因为这不是展示课，不会考核你，就是单纯的大家一起探讨，抽到还更好，这么多人给你一个出主意，多棒啊。

4.4.3 教学研究相成

学习型幼儿园中的专业发展与教学实践工作是分不开的，有效的专业发展计划也是和学习型幼儿园的特点连在一起的，是以教学实践为导向的。换言之，专业发展计划最基本的关注点应该是以幼儿为本，促进幼儿发展，这是受结果驱动的，也是基于课程和标准的。另外，幼儿教师专业发展的这一过程是合作的、反思的和持续的，同时要考虑幼儿教师的成人学习特点，以及与专业发展的标准相联系。幼儿教师为自己的专业发展承担越来越多的责任，并且积极参与专业学习研究活动的计划、领导与评估。充满活力的和持续的专业发展方案对于维持幼儿园的学习无疑是至关重要的，对于推进学习型幼儿园的长远发展也是举足轻重的。简言之，幼儿教师的研究与教学紧密相连，学习与实践相辅相成是学习型幼儿园的基本特征，同时也是学习型幼儿园持续发展的重要动力。

学习型幼儿园中幼儿教师的研究与教学相结合，某种意义上讲就是教育实践层面的行动研究。所谓行动研究，是指从实际工作需要中寻找课题，在实际工作过程中进行研究，由实际工作者与研究者共同参与，使研究成果被实际工作者理解、掌握和应用，从而达到解决问题、改变社会行为的目的的研究。① 它是一种理论与实践相结合，在于资料收集、合作探讨、自我反省、多方总结进而解决问题并推动实践工作者专业发展的方法。

首先，行动研究主要是针对教育的实际情境而进行，从实际中来又回到实际中去，一步步研究，一点点攻克，最终解决问题。换言

① 〔澳〕S. 凯米斯. 行动研究法（上）［J］. 张先怡，译. 教育科学研究，1994（4）：32-36.

之，边教学边研究、理论与实践有效转换，以实现因枝振叶、沿波溯源的教学研究效果。L幼儿园扎根实践，以幼儿园教育教学实践为基础，着力开发以完整经验为取向的园本课程体系，重点推进以提升质量为核心的园本研究。与此同时，L幼儿教师在实践中成长，拥有学以致用、与时俱进的研究与学习的信念，侧重于实现理论知识与实践知识的结合。其不仅具备结构化的专业知识，而且有较强的学习与整合知识的能力。换句话说，学习型幼儿园的教师具有丰富实践经验，应教学改革要求和自觉的专业发展要求主动学习新教学观念和教学理论，并在实践中加以修正，不断通过反思提高自身的理论洞察水平。概括而言，他们以教学实践为基础，以项目研究促实践，在教学中成长，在研究中进步，实现研究与教学的相辅相成，努力发展为研究型幼儿园，构建学习型幼儿园，并维持其长远发展。

我们园有好多个园本课题都是在幼儿园班里开展，开始建这个学习型幼儿园之后，主要是以完整经验和项目活动这两个为重点，现在项目活动已经从试点团队推广到整个大班和中班了，小班也有两个班在里面，基本上是全员覆盖了。研究主题由一开始的游乐场到武汉长江大桥再到现在正在开展的青花瓷、恐龙蛋这些，是根据孩子们的兴趣设定的，原来都是千篇一律的季节、气候、节日这些每个幼儿园都差不多的主题，现在完全不一样了，我们要切实发现孩子们真正感兴趣的，不是根据教材上有啥就教啥，而是让孩子们自己去决定，真正放开来，你会发现，孩子们很有想法，他们的思维相当敏锐，对世界超级敏感。我们老师要做的就是放手，给孩子自由，你会发现，孩子们绝不会让你失望。我工作了这么多年，带过这么多孩子，真的是没想过放开之后是这样的，完全出乎意料，老实讲，园里一开始说建设学习型幼儿园，我是有点反对的，很不情愿，怕孩子们散漫了学不到东西，真的你尝试过以后，完全不会，是我太低估孩子们了。很感慨，我们 L_1 园长那真是高瞻远瞩的好园长，好的教育需要我们发现，需要研究，采用行动研究这个办法真的是好，老师的教育观进步了，教学才能跟着革新，教育才会跟上来。

其次，学校范围内的联合行动研究工作由专业研究人员、教师、政府部门、学校行政领导等组成的较为成熟的研究队伍从事。这是较为理想的行动研究，有专业人员参与，有较强的理论指导，研究力量大，群体合作、协同攻关、共同研究，充分发挥领导、教师、研究人员的作用。L 幼儿园在幼儿教师专业发展上做出了许多建设性的努力，他们组建项目活动试点团队，其成员不仅包括一线教育实践工作者，还吸纳专业研究人员及专家教授，配备包括常务副园长、教研主任、教研员在内的幼儿园行政领导等，组建多元化的研究团队，培育学者型、科研型幼儿教师团队，为推进幼儿教师课题项目研究及幼儿教师本身专业发展与学习注入中坚力量，最终指向学习型幼儿园的持续长远发展。

以前可能就是一两个班级或者说是教研组比如语言教研组、数学教研组、大班组、中班组、小班组等实施这个行动研究，现在基本是全员参与，因为学习型幼儿园建设是全园的事情，园里也觉得这样的教学方式好，能够带动我们老师真正去学习成长。老师们都参与到研究中来，才能推动幼儿园发展成为学习型组织，不然就是学习型小组了，不是真的学习型幼儿园……一般都是有专家指导参与的，有的是教授参与，有的是区里的教研员参与，老师们是一定在里面的，成长最多的人也是一线的幼儿老师们，在研究团队中参与学习，最直接的就是解决自己的实际教学问题，提升拔高教育教学能力，还有就是老师们和专家们的合作研究，帮助提高老师的研究能力，相当于有人带着你研究，而且是在参与实践过程中边实践边应用，这样学的效果好，进步也快。

最后，行动是不断调整的，随着教育研究者对问题认识的逐渐明确，以及行动过程中各种信息的及时反馈，不断吸取参与者的评价和建议，对已制定的计划可在实施中修改和调整。第一个循环周期的结束，又是过渡到另一个循环周期的中介，因此行动研究是一个螺旋上升的教育实践过程。L幼儿园强调在教学研究中不断调整，包括行动研究的方向和速度等，强调应对实际教学工作中的变革过程进行研究，以加深对教学事件变化过程动态的理解。教学在不断的计划、执行、评价、反馈、总结、再反思的行动研究过程中不断得到优化，重在因势变化，重在行动，重在效率。另外，基于反思的理论指导与实践反馈的共同作用，幼儿教师的理论知识和实践知识在这一过程中变得抽象化和理性化，形成系统、理论的知识结构。这种知识结构不断与时俱进，顺势（实践）而行，在理论与实践的交融中得以修正。

你比如说恐龙蛋的活动，在《侏罗纪世界2》上映的那段时间，很多孩子周末跟家长看完，就在班里面讨论、交流，玩角色扮演游戏的时候都想当恐龙，哈哈，然后我们班 T_1 老师就说，那就以恐龙为主题，孩子们感兴趣，而且我们很少有这种科普题材的课程。说干就干，项目团队的老师们就在例会上讨论，初步做计划，真的，大人的想象力远比不过孩子的，我们几个老师想了所有能想到的方面，真的开始实施起来，你会发现，孩子们的想象力永远超出你的想象。然后我们老师就恶补各种恐龙的材料，再做调整。后面我们想，我们的指导毕竟有限，一开始想的是请外面的人进来给孩子们讲一讲，就跟园里领导反映这事儿，L幼儿园园长就说，那何必呢，这样还不是回到老路上去了，把人请过来讲一堂课又送走，孩子们热两天就过去了，不够深刻。既然我们想把这个做下去，作为学习型幼儿园建设的下一个主题活动，那就搞出个名堂，轰轰烈烈些。最后，园里支持我们组织孩子们去湖北省博物馆参观了恐龙馆，效果非常好，后面我们不断根据实际调整，边研究边开展，一年多了这个活动一直在开展着，最近是那个烹饪彩蛋节，你能想象五六岁的孩子踩着小板凳切菜做饭吗？想不到吧，这么小的孩子能量这么大！

4.5 合作学习：从孤立走向对话的教师学习管理

注重幼儿教师的知识管理，是学习型幼儿园的显著特征。对幼儿园内幼儿教师学习的管理，是幼儿园创新变革、构建学习型幼儿园努力的主要方向。不同于传统的幼儿园单纯注重物质资源、财力资源等行政管理，学习型幼儿园将教师作为人力资源也纳入管理中来，并且将其作为首要管理的资本，发挥幼儿教师知识的潜力。知识管理包括知识学习、知识分享、知识整合、知识创新，学习型幼儿园中幼儿教师的知识管理是螺旋上升、逐步递进的。幼儿园经过知识学习、知识分享、知识整合、知识创新等一系列知识管理过程，最终实现了学习型幼儿园人力资源的优化管理。学习型幼儿园对幼儿教师的知识管理，一方面，实现了人力资本的优化管理，强化学习型幼儿园的师资力量，发挥幼儿教师的主体学习作用；另一方面，提升整个幼儿园的教育水平与发展质量，在彰显学习型组织不断学习的主要特征的同时，也在向构建起真正的学习型幼儿园不断靠近。

4.5.1 漠然甚至排斥，彼此信任延宕

在推进学习型幼儿园的构建过程中，作为构建主体的幼儿教师的态度及反应始终是幼儿园创新变革的关键。因为只有得到幼儿教师的支持，他们才会真正参与进来，才会产生主体性的变化，在根源上打下学习型幼儿园的构建根基。然而，幼儿教师在做出极大努力与改变以适应学习型幼儿园构建这一创新变革举措带来的各种各样的变化的同时，也总是会伴随着对未知事物、冒险挑战的那种难以摆脱的畏缩与担忧。比如初期的质疑、漠视甚至抵触，比如扩张期的狭隘、提防甚至恶意竞争等，尤其在幼儿教师合作学习探索的初期表现得尤为明显。

学习型幼儿园试点教师团队组建初期，幼儿教师对于幼儿园的这一变革举措是持怀疑态度的。而变革就意味着幼儿教师自身需要做出巨大的努力进行改变，尤其学习型幼儿园的构建旨在促进幼儿教师这一群体的转变，然而自我改变总是困难的，因为这意味着自我否定、自我批判。幼儿教师在起初表现出来的漠然视之、置若罔闻，正是对变革的无声抗拒及对维持原状不求改变的“封闭式”自我保护。另外，传统意义上，教师履行职业角色是远离公众的讨论和关注的，教师独自行使教育权也被幼儿教师视为被尊重的约定俗成的教师职权。幼儿教师在自己的课堂上自由发挥，不受他人干扰，向幼儿输出正确的价值理念、与幼儿发展水平相适应的略显粗浅的却适用的知识以及幼儿身心发展所需的学习生活技能等。但合作学习首先就打破了这一点，当被幼儿教师认为是天经地义、理所当然的教师职权成为首要被改变的事物时，幼儿教师势必会表现出彷徨、质疑、抵触等。因此，当学习型幼儿园这一园所变革首先触动的是幼儿教师的教学私密性，甚至在某种程度上侵犯其进行教育的私有领域时，其被幼儿教师抵触排斥也就合乎情理了。但是，为推进学习型幼儿园构建，作为其主体

的幼儿教师的合作学习是幼儿园变革的核心，势必要求幼儿教师敢于挑战自我、勇于改变。

> 刚开始提到这个（学习型幼儿园建设）的时候，大多数老师是不太感兴趣的，甚至是漠视的。所以 L_1 园长在全员研讨会上提出来的时候，大家也不是很关心，也没啥响应，拖了一周吧，没办法才指名选了各方面发展比较好的大一班试行的。好在大一班老师比较优秀，平时也挺积极的，这才进班的，那也是进班观察了小一个月才开始的。毕竟老师们上课也不愿意被人听，我也是从老师走过来的，那时候最怕上公开课，特别是有外面的专家、领导，说实话哪个不怕不紧张，都怕，有抵触情绪这个也正常。当然有阻力了，后面不太顺利的那个周，你是知道的，有些幼儿教师还是抗拒排斥的，关起门来的时候还是愿意用原来那一套。当时我们几个园长和主任们也交流了，这个也不能怪老师，老师也是没办法，就想着不要心急慢慢来吧。

信任的程度对团队的反思实践能力及合作学习效果有重要的影响，无法相互信任就会延误幼儿教师合作学习共同体乃至学习型幼儿园的建立。换句话说，幼儿教师团队合作学习就意味着彼此要开诚布公、彼此信任，由此个体教师才能在分享信息、相互质询、研讨互动等一系列合作学习过程中获益，相互促进，共同进步。因此，信任的建立是团队合作学习过程中必须注意的。然而，在学习型幼儿园试点教师团队扩张期，幼儿教师团队成员之间无法彼此信任成为延宕学习型幼儿园构建的最大障碍。在这种情境下，幼儿教师拒绝分享、独自占有，长此以往就会陷入故步自封、相互间愈来愈不信任的恶性循环中，于幼儿教师个体、幼儿教师团队而言终将是两败俱伤，极大地阻碍了学习型幼儿园的建设进程。学习型幼儿园内部的信任氛围建立并非易事，还受到多方面因素的影响。例如，幼儿教师开始反思彼此的教学或行动时，团队成员或许会有被威胁等不好的情感体验，此时不信任的氛围就会萦绕在整个团队中间，影响幼儿教师合作学习及取得胜利的士气。归根结底，团队中还未建立起良好的合作学习氛围，幼儿教师依旧无法相信团队具有足够强大的包容力允许自己试错。

我们（大二班）刚刚加进来的时候是有些手忙脚乱的，因为没啥经验，一切都得靠大一班的老师带，方方面面都得有人手把手教，说实话有时候都摸不着头脑。忙起来带娃（幼儿小组活动）的时候人家也顾不上你，这时候真的是无从下手的，就会有点失落，就会多想，是不是人家不想教你啊？那个时候真的是蛮难熬……竞争当然有，我们也想争口气，这几年差不多事事都是大一班带头，所以中午看娃午睡的时候，还有送孩子走了之后还没下班的时候我们班老师又会回到一起，就聚在一起琢磨怎么才能做得更好，不能总当老二吧，你在他们班待那么久了，他们肯定也有自己的小算盘吧是不是，彼此彼此啦。你别嫌我小气，总是藏着掖着的，那时候怎么讲，就是思想不开化嘛哈哈！

刚开始的时候，老师们都挺拘束的，很严肃。S_1 教授要老师们发言，大家都不出声，逼得没办法了才会说。还能因为什么呀，不好意思啊，而且当着这么多老师的面公开说，等着别人来批肯定会觉得没面子呀……

4.5.2 建立情感连接，分享研讨交流

如何快速扭转幼儿教师关于传统成人学习方式及特点的固有认知，使其顺利进入团队成员合作学习的新情境是学习型幼儿园试点推

广的关键。而建立成员间的情感连接、营造和谐的协作氛围成为走向合作学习的第一步。显然，情感上的相互支持有助于加强幼儿教师之间的合作，促进其共同学习、共同进步。在此基础上开展分享研讨、互相观摩、质询互帮等合作学习活动，加强彼此之间的沟通交流，促进合作学习，实现幼儿教师个体自主学习与专业发展及幼儿教师群体的协作学习与学习型幼儿园构建的双赢，同时又反过来强化团队成员的情感连接，为走向对话建立情感桥梁。

尽管开展幼儿教师合作学习的路径众多，但打开幼儿教师走向合作学习的心向才是成功走向学习型幼儿园的第一步，而在幼儿教师团队中间建立紧密的情感连接则是这个心向的心理基础。换言之，阻碍幼儿教师合作学习的种种负面的心理因素并不是不可化解的，团队成员之间紧密的情感连接便是其解决之道，为构建学习型幼儿园的团队成员的合作学习提供了彼此分享、相互协作的心理基础。L 幼儿园在面临如何开展合作学习这一棘手问题时选择了从幼儿教师的心理上进行突破，首先在学习型幼儿园与幼儿教师之间、幼儿教师团队成员之间建立紧密的情感连接、营造良好的交际与学习的心理氛围，使幼儿教师放下心中戒备，彼此友好交流，慢慢疏导幼儿教师的自我中心的教学观，转变幼儿教师单打独斗的学习观，从心智上加以改善，使其走向分享、走向合作、走向对话。

试点扩张阶段学习型幼儿园的发展确实遇到了很多困难，如放不开啊、不愿意公开课堂啊、不愿意分享啊、暗自竞争啊……很多很多。说到底还是老师们没有扭转这个心态，还不适应这种公开化的学习，还是喜欢关起门来上课、回去自己学习，甚至还有不愿意学习的情况。要知道，改变自己是最难的。因为合作学习是学习型幼儿园最关键的、最核心的，所以我们几个园长在决定扩张的时候没有轻举妄动，想了又想。最后想出这么一个方案来，这个方案最后论证了不下七遍才最终敲定。实施的时候更是小心又小心，比刚组建团队时候那是上心多了，天天就聚在一起开会讨论这个，事无巨细，对班里每天发生的每一件事都是了如指掌啊！真的是步步惊心！万事开头难，我们想着先打感情牌……

L_1园长和Z园长为我们举办了庆功宴，规模并不大，就是一次小聚餐。那天晚上餐厅环境蛮好，气氛也蛮好，我们大家都很开心。然后园长说之所以没有在园里举办（一般都是在多功能报告厅举行的），一是因为第一个选了我们班，怕别的班的老师会吃醋；二是因为还是想私底下先征求我们的意见，说因为我们是“专家”，问我们同不同意当大家的“专家”，也去教一教别的班的老师；三是因为元旦了，也给我们这些“功臣”开个小灶放松下。这是自然的，园长对我们这么好，有啥好事都先想到我们，我们也愿意帮园长，愿意为园里发展做事，何况还是当“专家老师”，是蛮好！

在建立了良好的情感连接基础，整个团队的幼儿教师都能坐下来倾听彼此、愿意分享的时候，逐步开展分享研讨、互相观摩、质询互助等一系列合作学习活动便水到渠成。一方面，通过实践以上活动能够最终达成真正的合作学习；另一方面，这些活动本身的实现也是合作学习的本质特征。换句话说，分享研讨、互相观摩、质询互帮既是幼儿教师合作学习的过程，又是其结果。L幼儿园以幼儿的“完整经验获得”这个项目为任务，开展学习型幼儿园试点团队的合作学习，一方面，他们组织每日研讨会议，分享自己的所见所闻、所思所想，在分享信息的过程中彼此帮助、增加知识储备；另一方面，幼儿教师每天的活动都以小组形式进行，这也为成员相互协作、共同完成任务提供了先天的合作学习条件，观摩的同时又在被观摩，幼儿教师之间形成了默契的教学相长教学模式。另外，学习型幼儿园试点团队的幼儿教师在小组活动及集体研讨中无时无刻不在自我反思、质询互助，在解决自己或他人的问题中反思学习、在质询评价成员的问题中不断进步，团队成员在反思中学习，在质询中成长。

合作学习、教研共同体这些，我们早就耳熟能详了，区里院里总是倡导嘛，不过就是每个学期讲公开课、同课异构这些呀，要我说，有好的吗？有好的。但大部分还是些形象工程，只有应付检查的时候才会搞。就只有园里的精品课有些真本事，名师工作室真不是“盖”的。这次是动真格的了！扎扎实实地，每日例会，研讨很激烈，也切实地解决了头一天的问题，还能引申出新的问题来，和以往的教研会议最大不同就是，真的上升高度了，不再仅仅拘泥于幼儿的具体什么事什么发展，开始关注真正的幼儿教育了，更是开始提到我们老师本身了！我才知道，幼师也是有很大发展空间的，可以学习进步，提升职业价值的。感觉每次例会自己都变“博学”了呢，就像我们项目组例会的会标一样——今天你博学了吗？灵魂拷问，哈哈……观摩跟以前不一样，以前是单拎出一个老师，领导们都来评他的课，特别是新老师，这是每次学习都必须经历的，老师要精心准备的，就相当于你们的期末考试一样的，领导是要点评的。现在嘛，每天都在观摩，观摩的被观摩的都是项目组的老师，即使有领导在场也不是高高在上的点评，而是相互交流发现问题、一起解决问题，解决不了就协商然后查资料什么的，反正宗旨就是相互学习、一起处理，为了解决问题甚至相互“找碴儿”发问也是很常见的，当然不会有芥蒂，这可是我们之间的默契，问题越多，大家相反会更好，对娃们也好。

4.5.3 节奏拖沓不前，群体导向驱动

尽管有了良好的合作学习的心理基础，幼儿教师开始尝试分享信息、互相观摩、质询互助，但在幼儿教师的合作学习过程中仍时常伴随着各种始料不及的困难，或争议，或缄默，或烦琐冗长，或独断专行……都会阻滞幼儿教师合作学习的有序进行，影响学习型幼儿园的推进。面对这些困境，一些沟通技巧必不可少，学习策略也不可或缺。但重中之重，是以群体目标为导向，舍弃斤斤计较的小冲突、鸡毛蒜皮的小争执、蝇头苟利的小私心等这些与分享型、合作指向相悖的与幼儿教师学习无关的事情，驱动幼儿教师合作学习共同体的建成及发展。由此，才能拨开迷雾，看清幼儿教师合作学习真正的应有之义。

幼儿教师合作学习团队活动中没有争议是不可能的，冲突是幼儿教师合作学习共同体建设的一部分。尽管冲突通常在混乱阶段最为普遍，但其在整个学习型组织构建的过程中随处可见。L学习型幼儿园建设中，团队成员之间的争议的确会使合作学习过程曲折，幼儿教师有时会有不同的观点，会争来争去，甚至激烈辩论，更甚者针锋相对，剑拔弩张，不能达成共识，总有些决定不能让所有人满意，使得合作学习效果甚微，节奏拖沓不前。事实上，争议冲突未必只有负面影响，相反，冲突有时可以催生更好的决策。冲突可能是破坏性的，也可能是建设性的，这取决于如何处理它。毕竟，有争议有冲突好过没有任何波澜的无价值的讨论。如若被桎梏于无意义的讨论或者与项目无关的话题，无论过程多么顺利，交流多么和谐都将是徒劳的。因为这并不能促进幼儿教师合作学习，更不能推进学习型幼儿园向前发展。相反，幼儿教师合作学习共同体会陷入冗长的、复杂的、重复的、无意义的循环中无法自拔。

别说争议了，吵得面红耳赤都是家常便饭。每个人的想法都不一样的，不过争议也有好有坏的，有时候争着争着还真就想出办法来了，就比如研讨会上我经常组织的那个“头脑风暴”，思想碰撞的时候真的是最容易激发人的潜力的。但是也有不如意的时候，就那次，闹得很不开心，这个事我印象非常深刻的，A 老师说要再放开点，给娃们自主表现的机会，B 老师就是不同意，她也有她的道理，怕娃们没有章程，瞎玩、懒散了，然后可能当时争论得蛮激烈，她直接说：“你倒是开明，放你自己身上，你会让自己的娃也这么放纵吗?”气氛一度紧张，当时超级尴尬的，再怎么也不能上升到人身攻击了是吧……我倒觉得，宁肯激烈争论也好过沉默的时候，那谁都不发言，就憋着，更尴尬难熬，况且谁都不说话，那还谈什么研讨，谈什么合作学习啊……有时候也会跑题，拉都拉不回来（笑）。“恐龙蛋”项目的研讨会上，老师们就先有鸡还是先有蛋的问题讨论个不休，当时讨论激烈，各抒己见，蛮好，直到到点了还在讨论这一个话题，也是事后大家才突然想过来，怎么就聊到鸡生蛋蛋生鸡上去了呢？好无聊啊，白白浪费了一早上的会议，现在想想我们那时候也是蛮傻蛮可笑。

群体导向的行为包括任务导向的行为和维持导向的行为，加速团队的进程。相反，个人导向的行为满足个人的情感和社会需求。具体而言，任务导向的行为侧重于对团队目标的完成，包含确定目标，寻找并提供信息，确定战略，调研、概括和总结，调整和计划任务。维持导向的行为有助于维持良好的团队成员关系，包括对他人的意见做出反馈、尊重彼此的差异性、给他人机会参与和交流、感知团队气氛以及在团队内部设计互动交流的方法。个人导向的行为则侧重于满足个人的情感和社会需求。负面行为包括离题的、批评的、授权的、畏缩的、个人攻击的、夸大其词的行为。当个人导向的行为超出群体导向的行为时，团队的整个效率会受损，会阻碍学习型幼儿园建设进程。因此，L幼儿园为加快学习型幼儿园的构建及幼儿教师合作学习共同体的组建进程，确定了群体导向的基调，推动学习型幼儿园建设过程中幼儿教师合作学习共同体开展深度对话。

> 确定了这个群体导向的基调以后，无论是小组活动，还是观摩研讨，我们都按照这个步子来，不谈个人情感，只谈集体利益。首先我们不提倡单打独斗的个人英雄主义，评价的时候我不会去说具体哪个老师好哪个老师不好，他好在哪里差在哪里，我会说哪件事比较好或者不行，好在事情的哪里或者差在哪里，什么事都是以你们这个团队集体一起的，好也是你们一起，坏也是你们一起担着。从整体上去引导，这样就给老师们一个引导，就是集体利益是最大的，也就减少个人得失的计较，或者针锋相对的冲突，一荣俱荣，一损俱损。还有就是老师们在一起共事合作学习的时候，团队不允许批判他人，特别是个人攻击，涉及个别老师的时候，尽量不给评价，只给建议意见，首先我自己是这么做，我还要求我的学习型幼儿园团队也要这么做。这样一来，就从细节上给它补起来，要面有面，要点有点，大方向和小细节上都抓起来，就不至于走太偏。

4.6 持续支持：由非常态走向常态化的系统思考

学习型幼儿园在经历了发起阶段的心智改善、执行阶段的结构重组之后，逐渐进入成熟阶段，也就是将发展起来的学习型幼儿园逐渐制度化的过程，是对学习型幼儿园发展的全方位的系统思考，其包括物质文化、规范文化、观念文化等幼儿园各种文化资源的整合性的重新建构，即学习型幼儿园的整体上的文化重构。显然，任何个体都处于一定文化中，文化影响着人的行为模式和心理习性，具有教育的功效与价值，它亦是种隐性的教研资源。换言之，任何一所幼儿园改革和创新的成功，都依赖于幼儿园全体教师能够持之以恒，不断努力，把自己融于园所文化之中。如果一种新的方式方法被认为是短期的，仅适用于表面问题，那它的影响就会停留在表面，局限于有限的参与者之内，通常也是无效的。故而，学习型幼儿园的长远持续发展需要对幼儿园前期心智改善、结构重组推进过程中建立起来的价值观念体系、行为规范准则和物化环境风貌进行通盘考虑及深化提升，对幼儿园学习型文化进行重新调整与建构，且持续得到幼儿园内全体成员的认同和遵守。另外，学习型幼儿园的文化重构需要幼儿教师群体在长期的教育实践过程中不断积淀、演化和创造，文化在幼儿教师共同推进学习型幼儿园建设过程中得以建构提炼，与此同时，幼儿园文化也反作用于幼儿园全体成员，发挥其对幼儿教师学习共同体专业发展的引领作用，进一步巩固优化已经建立起来的学习型组织。

4.6.1 物质文化：时间场域持续性，智力资源网络化

学习型幼儿园建设从初期的开展到后期的持续发展，其筹划、实施、成熟、巩固等整个过程均离不开幼儿园物质层面的支持。不论是时间空间层面的，还是合作技术指导，抑或是学习资源机会等各个方面都对学习型幼儿园的最终建成产生重要影响，不可或缺。尤其是成熟阶段，物质层面的各种支持上升提炼为园所物化环境风貌，其作为一种固态的沉淀，不仅直接作用于学习型幼儿园建设，而且潜移默化地影响学习型幼儿园发展的持续性与层次性。故而，学习型幼儿园在建设过程中，不仅要在前期建设阶段为幼儿教师专业发展与学习提供物质支持，在后期维持提升阶段更应为其提供可持续的、更高层次、

更广意义的物质文化支撑。

尽管幼儿教师学习与专业发展的动力源于教学实践，但其成长往往因工作任务繁重及时间空间不足而受阻，致使教学与学习之间产生几乎不可调和的矛盾。幼儿教师教学任务的繁重及工作时间的紧张，使其无法兼顾教育教学与自身学习发展。尤其幼儿教师工作性质特殊，兼顾保教结合的教育保育任务，不同于其他学段的教师分科教学、按时授课的特点，他们从幼儿入园直至幼儿放学就一直处于无间歇全天候的教学工作中，分身乏术，没有幼儿园的支持及帮助，在学习时间上几乎难以实现自身教与学的自洽。另外，其保教结合的工作性质也限制了幼儿教师学习的场域，以L幼儿园为例，尽管每个班级活动室都配备教师办公区域，但由于班级里三位幼儿教师各司其职，他们的眼睛始终落在孩子身上，其工作时间内几乎不可能实现单独办公学习，况且大多数幼儿园并不具备为幼儿教师配备单独的学习办公区域的办园条件。时间及空间的不足限制了幼儿教师自身的学习发展，何谈幼儿教师群体协作学习的学习型幼儿园的建设。

L幼儿园在推进学习型幼儿园的教师学习与发展上，在时间与空间上全力支持，做出了很多努力，尽管在这个过程中也遭遇了许多意想不到的困境，但最终也都坚持下去、一一克服了。在时间上，最初尝试利用教师及幼儿午休时间推进教师学习，发现效果不理想之后，幼儿园立刻做出行动进行调整。毕竟当幼儿教师仅有的短暂休息时间也被抽离了的话，确实变相加重了幼儿教师的教学负担，反而不利于幼儿教师真正参与到团队研讨与学习中去。因此在促进幼儿教师专业发展与学习的同时，要考虑幼儿教师工作实际，切勿急功近利，要循序渐进地找到最适合的方式。除此之外，为减轻幼儿教师教学时间紧迫感，幼儿园通过安排其他教师代课或者协助教学的方式，给予幼儿教师最大的时间自由，为其学习发展及学习型幼儿园建设增添助力。在空间上，幼儿园也是不断摸索，最终找到合适的场域开展学习型幼儿园项目试点活动。将幼儿小组项目活动安排在熟悉的活动室及户外、将幼儿教师的研讨地由原来的受各种条件限制的活动室转换到固定的较为封闭的适合研讨的办公室，尽管其并非专门的教研会议室，但其具备专业会议室的特征，即在会议时间内是不被打扰的、安静的。

> 刚开始的时候，在孩子们中午睡觉时间，S_1 教授召集我们在孩子们的活动室研讨开会，因为这段时间留一位老师在休息室看孩子们休息就够了，剩下的老师就有点时间了，而且孩子们都去卧房休息了，活动室就空出来了。但是这并不是很好的安排，因为虽然活动室很大，随便拉出桌子椅子就是个简易的会议室，但是卧房就在活动室旁边，开会就要轻声细语小小心心地，生怕吵到孩子，而且中午休息时间有点犯困，老师们也无精打采的，所以开会效果不是特别理想。后来 R_1 主任加入以后，我们在每天上午孩子入园前开会，因为老师在园里吃早餐七点半入园，孩子们八点才陆陆续续来，即使偶尔有几个孩子送来得（入园）早些，也不耽误。地点就在她办公室，可以大声讨论，敞敞亮亮的，这多好，就在我们班对面，离得又近又方便……有段时间忙不过来，总觉得时间紧张，就是全面推进项目的那个时候，园长特意要新来的研究生（实习老师）全部调到我们班，浩浩荡荡十来个人呢，这一来立竿见影，时间上充裕多了。

为推进学习型幼儿园的持续发展，不能仅仅满足于当前的时空等物质层面支撑，还需提供超越当前发展所需的物质支持，以应对未来学习型幼儿园发展之需。同时，将幼儿园物质层面的支持固化沉淀，使其成为支撑学习型幼儿园长远发展的物质风貌文化，在形式上和底蕴上对学习型幼儿园发展产生持续的影响。为此，L 幼儿园重新组建幼儿教师团队，以保障幼儿教师有充足的教研时间，减轻幼儿教师的教学压力，进而解决了幼儿教师教学与学习的时间冲突。与此同时，学习型幼儿园为幼儿教师腾出专门的学习时间与固定的研讨场域，以保障幼儿教师学习的权利。长远来看，一方面，固定的时空条件为学习型幼儿园建设提供坚实的可持续的物质基础，铺平了幼儿教师协作学习及构建学习型幼儿园的道路，直接推动学习型幼儿园的建设进程；另一方面，在建设学习型幼儿园过程中长期积淀起来的幼儿园重视、推崇以及切实落实支撑幼儿教师学习教研的物质文化，也为幼儿园内营造全员学习的良好学习氛围发挥了潜移默化的作用。

> 后面扩大到两个大班的时候，R_1 主任的办公室就有点小了，装不太下了，然后园里就把整个二楼一般的办公室挪出来，给教研小组做专门的研讨室。看上去平时没什么人，其实不是的，平时还可以用作四个教研老师们的办公室，一举两得。园长还告诉我们，老师们平时就在这里研讨开会，这就是为老师装的，所以我们心里还是觉得蛮受重视的。而且时间上也固定下来，每天早上八点之前的半小时组会，每周五下午三点的教研会。以前也有这样那样的教研会，都是领导传达什么指示呀精神呀或者检查教案什么的，现在是自由发言，是跟每天每周的教学活动息息相关的真的研讨。以前都是谁想学习那就下了班私下里学，回家学，反正就是自己想办法，现在不一样了，整个幼儿园都是这种崇尚学习的氛围，园里给你固定的会议室、固定的研讨时间，研讨、学习大家都是很上进的、乐于互帮互助的，共同进步嘛。而且你会发现这个条件在这里不光是给你这个保障，你不去学习就会觉得浪费了园里给的这么好的条件，关键还有在上班时间学习交流不再是感觉偷懒不齿的事儿了，而是光荣的，学习光荣，哈哈。

实际上，构建学习型幼儿园的变革之旅，仅仅提供基本的时空条件保证是远远不够的，还需要协作与学习等智力资源层面的支持，以应对未来学习型幼儿园发展变革的需要。显然，幼儿教师拥有持续学习的能力对于提高学习型幼儿园的层次、扩大学习型幼儿园的建设深度与广度尤为重要。俗语道，授人以鱼，不如授人以渔。因此，幼儿园为幼儿教师提供沟通交流、合作学习的资源与机会，才是幼儿教师持续学习与幼儿园持续发展的长远之道。因为只有掌握了沟通技巧，习得了合作学习方法，具备了持续学习的能力，才能扫清学习型幼儿园改革之路上的重重障碍，才能登上学习型幼儿园的更高峰。换言之，如果说解决了幼儿教师的时空障碍便意味着建成了学习型幼儿园，那么给予幼儿教师协作学习的资源机会才能扶持幼儿园在学习型组织道路上走得更远更顺畅，而沉淀园本特色的物质风貌文化则是寻求学习型幼儿园持续长远发展的精神根基。

L 幼儿园在推进学习型幼儿园建设过程中，显然已经把握住了这一点。他们为幼儿教师提供了多元化的学习资源与机会，确保幼儿教师学习之路顺畅，维持学习型幼儿园的持续不断发展。因为以幼儿教师学习为主要推动力的学习型幼儿园建设需要幼儿园给予全面的系统的智力支持。为此，L 幼儿园为幼儿教师提供扎根幼儿园学习资源机会、专家指导、培训等多种形式的学习途径，丰富幼儿教师学习的层次。尽管 L 幼儿园强调扎根幼儿园的园本智力资源建设，但幼儿园的研修学习并非仅仅局限于幼儿园之内。相反，幼儿园的园本智力资源的建设是开放的、兼容并包的，注重幼儿园及幼儿园外部各方力量的参与，吸纳更多的专业人士加入进来，丰富幼儿园园本智力资源的层次，提升幼儿园园本智力资源的水平。L 幼儿园中园本智力资源建设的构成主体有来自幼儿园的园长、分管领导、教研主任和幼儿教师，来自教育主管部门的教研员和行政教科研单位人员，还有来自高校的学者教师、学前教育领域专家等。所以，L 幼儿园在构建学习型幼儿园的实践过程中，逐渐摸索出专家引领与教师示范的纵横贯通的园本智力资源支持模式，吸纳各方参与人员，融合园内园外智力资源。一方面，深入挖掘幼儿园园内教师示范的智力资源优势，形成由名师名园长带头，骨干幼儿教师作为中坚力量，带动吸纳普通幼儿教师研修学习的全员参与学习、共同进步的园本智力成长梯队。具体而言，发挥名师名园长的引领示范作用，为幼儿园师资队伍建设做出整体规划的同时，根据幼儿园内部成员个体的发展阶段与水平特点制定针对性的专业发展与研修学习的策略，定制个性化职业发展规划，并将个体专业发展融入学习型幼儿园的整体建设中来，实现学习型幼儿园组织整体与幼儿园组织个体的共同发展。同时，在学习型幼儿园建设实践中，强调组织成员的交互作用，鼓励成员之间相互协作、合作学习、共享实践，形成良好的园本专业发展的环境氛围，在园本智力资源层面有力地保障和支撑学习型幼儿园的建设。反过来，借助园本智力资源的良好文化氛围促进学习型幼儿园组织成员个体的专业成长与发展。另一方面，L 幼儿园积极寻求与外界专业力量的合作发展，通过与当地高校专家开展项目共建活动、行动研究等，积极吸纳外部智力资源优势引领、指导幼儿园的长效研修与幼儿教师队伍的专业学习与专业发展。同时 L 幼儿园还积极寻求上级教育行政部门的指导与帮助，邀请市教研员、区教研员等下园指导，积极推动幼儿园的园本智力资源建设。另外，L 幼儿园还同区域内幼儿园及优质幼儿园建立专业联系与加强合作，积极加入区域教研共同体中，与其他幼儿园相互促进、谋求共同发展。在以当前学习型幼儿园建设为主要任务的活动开展过程中，邀请幼儿园专家和教研员定期来园指导，听取研究进程及阶段性成果，及时跟进幼儿园建设研究进程，对介入研究进行指导的时机和内容等有明确的把握。如此，以园本智力资源为本，吸纳外部专业力量，形成上下联动、双向结合、优弱互补的纵横交错的幼儿教师研修学习体系，为学习型幼儿园更高层次、更远前景的发展奠定了稳如磐石的智力资源精神根基。

我们有（专职）教研老师，园里领导总是说有任何教学上的问题都可以问，而且这几个老师都是那种很亲切的类型，没什么架子，而且他们天天都在园里面跟我们一起搞项目，既有知识又有经验，所以我甚至觉得有时候比专家还专业些。专家也是很专业的，最常来的是 S_1 教授，她有几个项目是和我们园合作的，园里也请她来进行指导建设学习型幼儿园，几乎天天跟我们在一起搞教研，还有别个专家，师大的、二师的、城职的教授们，还有区里的教研员，园长经常请他们来园里指导，全体教师参加不太可能实现，但是园长很照顾我们，除了相关的老师，其他老师想来的都可以来旁听，最主要是专家会去班里指导，因为很熟悉就没啥不好意思的，有什么想讨教的直接说就行，而且我们园用 L_1 园长的话说就是多问多听多交流园……培训超级多，除了上面的国培，我们园也出去学习，也会组织专门的各种培训，有时候请外面的专家，有时候就是园长或者教研主任。最喜欢的当然是出去学习了，多长见识呀，一般是假期出去，这样不耽误上课，去年我们几个项目组的还去了美国呢，园里还专门提前给我们进行了英语培训，真的是收获满满。不是出去玩，是真的学习，因为我们这个项目活动以及学习型幼儿园的建设，人家美国那个州做得很先进，我们去学习，回来之后是要给园里老师们讲的，整理了很多很多的资料，回来以后比在外面还忙些，因为要准备充分，要讲得仔细，我感觉整个暑假都在忙工作的事，都没怎么管我的女儿，不过还是很充实的，像拔高一样的。如果是上班期间的话，也不用有任何担心，因为园里会请其他老师代班，而且不管你是主班老师还是保育员，机会一样多，还很有针对性……工作以后的学习其实都是园里有机会，自己努力的话真的会走很多弯路，有太多障碍了，就连大学图书馆的知网账号都登不进去，资料都没有，还怎么学习啊。园里网络、资料库什么的很全，只要你想用，几乎都有。

4.6.2 规范文化：教研范式常态化，评估考核制度化

幼儿园文化要取得显著效果，要使幼儿教师认同幼儿园的价值观并转化成自觉行为，在园所文化的深层结构和园所文化的表层结构之间要建立起一座桥梁，这座桥梁就是以价值观为导向的、为物质基础所保护的幼儿园制度和行为规范。在此基础上，从园所文化的深层结构到园所文化的表层结构，才能够形成一条园所文化建设的有效通道。换言之，处在中间地带的上层观念文化与底层物质文化之间的规范文化，成为走向系统思考的学习型幼儿园文化重构的重要链接。具体而言，学习型幼儿园规范文化包括教研范式和评估考核两个方面，即学习型幼儿园规范文化的常态化与制度化过程。一方面，教研范式和评估考核两者互为补充，以学习型共享型的教研范式引领学习型幼儿园建设，以指向共生共赢、研修一体的评估考核修正学习型幼儿园建设阶段性成果，共同为学习型幼儿园的规范文化建构保驾护航；另一方面，两者又互为前提，过程进行中的教研范式为这一阶段的结果做引领，过程结束后评估考核又为下一阶段的进行匡正方向，以此循环往复，螺旋上升，共同为幼儿教师专业学习与职业发展及学习型幼儿园建设事业添砖加瓦。

逐步确立学习型幼儿园的教研范式，并将其制度化的建设过程是园本教研制度系统化的动态运行过程，是将学习型幼儿园建设实践过程中关于教研活动的有益经验总结积累，在此基础上进一步提炼、归纳，并上升为园本制度的过程。学习型幼儿园的园本教研制度实质上是一系列关于园本教研活动的具体的规则与固化的程序，具体表现为

显性的规则程序和隐性的规则程序。显性的规则程序指的是那些能够用语言表述的，容易被表述和概括的内容，如学习型幼儿园的运行规程、学习型幼儿园园本管理条例、幼儿教师知识管理细则等。相反，隐性的规则程序指的是那些在学习型幼儿园构建实践过程中逐渐形成的潜移默化、难以用语言和文字进行表述或者概括归纳的内容，如学习型幼儿园共同的价值追求，在建设学习型幼儿园实践过程中幼儿园组织或者幼儿园组织中的个体所独有的思维方式、行为习惯等。不管是显性的规则程序还是隐性的规则程序，在学习型幼儿园建设进程中教研范式的逐步确立都发挥着重要作用。一方面，幼儿园借助显性的规则程序对学习型幼儿园中的组织成员也就是以幼儿教师为主体的成员进行条文式的明确的规约，明确指导幼儿园及其组织成员的行为规范，为学习型幼儿园中幼儿教师们具体开展教研活动提供针对性的行动指南，以支持幼儿教师的专业发展，进而为建设学习型幼儿园开展更高水平、更为完善的教研活动。实际上，从幼儿园的制度层面分析来看，L 幼儿园的园本教研范式是一种兼具自下而上制定与自我更新的园本教研制度，因为其是在学习型幼儿园的构建实践过程中慢慢固化、提炼、逐步形成的。从这点意义上看，学习型幼儿园的园本教研制度是对以往传统的自上而下的幼儿园教研制度的突破，是从另一个角度上的补充与更新。因此，学习型幼儿园的园本教研制度对幼儿园的教育研究活动发挥更多的是引领指导与支持服务的作用，而非传统意义上的指挥与命令。在不断地实践过程中，这些文本制度逐渐变成了全体幼儿教师参与教研活动时自觉遵守的惯例，并随着教学活动的发展、幼儿园的发展以及幼儿教师的专业发展不断进行修正。因为任何时候都要不断寻求一种新策略来应对连续变化的环境，而不断推陈出新的园本教研范式制度是在不断继承和选择的基础上，持续演进和更新的。

另一方面，隐性的规则程序则依靠其强大的情境化特点，潜移默化地存在于学习型幼儿园具体的教研活动中，给予其具体的约定俗成的指导与引领，且幼儿园这些隐性的规则程序总是能够对学习型幼儿园实践过程中的具体问题或者情境有天然的直觉综合或把握，在恰当的时机给予幼儿园教研活动及学习型组织建设一定的指引与支持。因此，园本教研范式蕴含着大量的隐性的规则程序，指引幼儿教师不断学习、探索、成长，能够有效将幼儿园教研活动的知识与实践融会贯通，发挥园本教研范式对于学习型幼儿园建设实践及其幼儿教师专业发展的重要作用，并且在学习型幼儿园构建实践中还强调“行动研究”的基本教学研究范式，注重“实践—反思—再实践”的研究教学过程实践，不仅为幼儿教师的专业学习与专业发展创建发展环境，为幼儿教师职业发展开辟广阔道路，还为学习型幼儿园的整体教育教学与持续发展提供支持和保障。

进一步讲，园本教研制度建设“最终需要的不是一套完备的制度，而是培育一种学习文化，即教师是在研究的状态下开展教育教学工作，在教学的工作过程中进行教育研究与学习，教研成为教师职业的习惯和教育工作的方式”。[①] 换言之，园本教研范式孕育着学习型幼儿园建设的园本文化，其倡导的是一种新型的校园或者园所文化，致力于构建一种平等对话、理解互助的文化氛围，致力于将学校或者幼儿园建设成一个学习型组织。[②] 在学习型幼儿园的执行阶段，L幼儿园为促进幼儿教师合作学习及构建并壮大学习型幼儿园尝试了各种学习教研方式，也取得了一定的成效。那么，为了提升学习型幼儿园层次，深化学习型幼儿园改革，亟须将已经建立起来的良好的教研方式常态化，形成园本文化传承下去，使其成为学习型幼儿园建设的有益助力。另外，园本教研范式促进幼儿园管理制度的优化，它给学校的

① 胡庆芳，陈向青，徐谊，等．校本教研制度创新［M］．北京：教育科学出版社，2007：27.

② 韩江萍．校本教研制度：现状与趋势［J］．教育研究，2007（7）：89-93.

管理制度带来了深刻变化，使学校成为充满同事合作、共享精神和氛围的工作场所，组织成员饱含心系学校兴衰的主人翁精神和工作责任感。[1] 园本教研范式建设能够促进幼儿园形成良好的学习型组织以及具有高度凝聚力的研究共同体，彻底改变了以往控制式管理的状态，促进了幼儿园管理制度的优化。进一步讲，园本教研范式制度的建立，有助于幼儿园形成自己的特色内涵，支撑幼儿园在竞争激烈的环境中得以生存，调动教师们研究教学的热情，让幼儿教师从配角成为具有创新精神的主角，在自我提升的同时也提升了幼儿学习发展的成效，在此基础上，形成全园师幼共同学习的良好文化氛围。因此，L幼儿园当前正在通过各种策略着手推进学习型幼儿园的园本教研常态化改革及其规约文化的重构建设，以将幼儿园建成真正的学习型组织并推动幼儿园在学习型组织之路上平稳持续前进。

其实我是很感谢我们的老师的，是他们蹚出了一条团队教研之路，尽管我们提出了学习型幼儿园建设的希望，但是具体实施还是靠老师，虽然说中间这个过程很辛苦也有曲折，但是他们做得非常好，这就为我们后面推广省了很多的力。包括研讨晨会、分享学习、小组活动等，具体的内容非常琐碎，方方面面，你全程参与了我们，教研这方面你也是亲眼见证了，这一套流程下来是不是很多很烦琐的，而且虽然目前是建好了，现在看来我们进展很快，但是这也是历时两年多的成果。结果是真的很好，我们的老师保留得非常好。而且这个新的传帮带的方式就是小组重新分配，进组参与学习的方式更容易吸纳更多的幼儿教师进来，几乎没有什么排异现象，能很顺利推广下去，你看也就两年多的时间，现在已经基本上是全员覆盖了，可以说发展非常快了。这得益于前面老师们艰辛的努力，还有就是这套教研制度的传承保持

① 沈善良．校本教研制度建设的研究与思考［D］．陕西师范大学，2006：13.

下来。衔接非常好，目前来看我真的很满意，甚至可以说超乎我的预期，所以真的很感谢我们老师的辛苦付出。

评估考核制度是幼儿园文化的重要内容，是硬文化，保证幼儿园文化的价值观等在幼儿园中得到贯彻和执行，规范着幼儿教师的行为，影响着幼儿园的定位。进一步讲，幼儿园的教学评估考核是幼儿园教育未来发展的指向标，是幼儿教师教学行为的风向标。它凭借其最为直接有效的方式告知幼儿教师什么样的行为是正确的、应该做的、值得嘉奖的，什么是欠缺的、不足的、应该规避的，指挥着幼儿园的教育教学发展，牵动着幼儿园每位教师的神经。因为评估考核制度的标准体现的就是整个幼儿园的文化，有什么样的制度，就能反映出幼儿园什么样的管理文化和组织文化，并且制度不是一成不变的，随着学习型幼儿园改革的深入发展，幼儿园的整体制度也在以正式的和非正式的方式悄然发生转变，评估考核在内容、方式上的适应性改进以及未来调整方向，在一定程度上可以说是对幼儿园文化的重塑。

L 幼儿园的评估考核制度随着学习型幼儿园改革而变化，以组建发展学习型、分享型、研究型的幼儿教师团队为宗旨，以指向共同愿景、合作学习、赋权增能、共享实践的持续学习、不断发展的学习型幼儿园的最终建成为目标进行调整，在适应改革需要的同时，力促改革成功。具体而言，他们的评估考核制度以幼儿为本，倾向于群体导向的、过程性的发展评估。一方面，群体导向的评估考核以关注幼儿教师团队总体及合作学习成果为标准，能够引导幼儿教师以团队利益为重，注重群体的教学成果而非个人利害得失，契合学习型幼儿园追求共同学习、民主平等、合作教研的发展特点，驱动幼儿教师为建设学习型幼儿园共同努力；另一方面，过程性的发展评估是一种注重评价过程的教学评价，对学习型幼儿园的教师来说，它以促进幼儿教师发展为根本目的，重视幼儿教师的主体性。其价值取向在本质上属于主体取向，体现为幼儿教师之间共同建构和评价双方共同进行的价值判断过程。过程性的发展评估是建立在幼儿教师自身发展需求和职业发展追求的有机结合之上的，促进幼儿教师在现实基础上对未来发展进行评价。另外，由于L幼儿园当前处在学习型幼儿园建成初期阶段，尽管全体教师已经参与到学习型幼儿园建设的改革中，但幼儿园作为学习型组织还不够成熟稳固，因此L幼儿园为唤醒教师的内部发展状态、激发幼儿教师参与合作学习的热情、创生共同研修的愿景，其评估考核制度仍以激励为主，还未对幼儿教师提出硬性的最低画线要求。无论是对幼儿教师的群体导向的评估考核还是过程性的发展评估，其最终指向的始终是教师教育的对象——幼儿，因为科学的教学评价促进幼儿教师职业发展，受益的当然是幼儿，并且，幼儿教师被评估考核的标准与方式也在潜移默化地影响着幼儿教师对幼儿评价的认知与价值观转变，同样地，这体现出以幼儿的发展为本及对个体发展需要的尊重，关注和承认幼儿的差异性。因此，这种以群体导向、注重发展性过程的正向的价值文化，无形中在幼儿园对幼儿教师的评估考核制度标准及幼儿教师对幼儿的评价标准的制度改善优化中得以传递。

因为工作形式完全变了，所以关于考核，园里一开始的时候给了我们很多“特权”。像园里集体活动、文艺汇演排练、健身操我们都不参加了，也不会给我们扣分，这相当于给了我们更多时间专心做我们自己的事，但是孩子出勤率、卫生安全、环境创设等这些基本的内容还是会量化考核的。后面慢慢开始加分了，不过都是给集体加，就是说我们这个试点小组的教师都是一样的，这真的蛮好的，小组老师都明白这一点，只要搞好整个项目就会更好，不会因为晋升这些搞得不愉快，T_1 老师今年还因为项目活动搞得还不错被评为区里的优秀教师，这也算实至名归吧，从一开始就无条件帮我们班，要知道以前没有这么融洽的，T_1 老师确实出了很多力。而且还给我们出去学习的机会，以前出去学习的机会虽然说是人人都有，但是也分先来后到、贡献量大小，去年开始外出培训学习都是由园长按批次安排组织，说我们整个小组每天一起工作教研，出去学习也可以相互交流，确实支持我们很多的……这个项目就是这样的，没有两年三年你不参与进去看不出到底取得了什么成果，所以真的很惊讶园长如此赏识我们，即使过程中还没有搞出什么大名堂，还是一样地被他发现我们的付出，一样地嘉奖我们，甚至给更多的机会学习、晋升、加薪，毫不吝啬。

4.6.3 观念文化：和谐氛围增聚力，开放环境促学习

幼儿园的观念文化是幼儿园文化的本质，是幼儿园文化之所以然的决定性因素，是全部幼儿园文化的源泉，是幼儿园文化结构中最稳定的因素。有什么样的价值观念，就会有什么样的幼儿园管理制度和幼儿教师行为以及外在形象和表现。幼儿园文化是幼儿园的灵魂，价值观念文化是幼儿园文化的核心。如果不能形成适合幼儿园需要的价值观念，没有坚实的价值观念作为基础，幼儿园文化就是无本之木、无源之水，不能形成幼儿教师的行为自觉规范，也不可能促进幼儿园的发展。

在进行幼儿园文化重构的时候，如果有一个和谐的工作氛围，也就是说幼儿园原有的文化比较适合学习型幼儿园的发展，那么幼儿园的文化重构将更加顺理成章，重构的过程将更加顺畅，摩擦和阻力也比较少，这都将大大促进幼儿园文化的重构。学习型幼儿园更应注意工作氛围的塑造，这种氛围不仅是指工作环境，更重要的是团队成员的心理契合度，即团队成员彼此充分信任和合作的程度，这是营造良

好工作氛围的关键。和谐的工作氛围是形成共享价值观念的基础，如果没有良好的工作氛围，那么团队成员之间就不会充分信任与沟通，就无法敞开心扉进行经验交流与学习，就会有所顾忌和保留，不利于共享价值观念的形成。而且，工作氛围也是一个团队高效运作的保障，没有和谐的工作氛围，也就无法形成高效的团队。和谐的工作氛围本身就是幼儿园文化追求的一部分，同时，也有助于幼儿园文化重构工作的落实。因为在一个沟通顺畅、关系融洽的环境中，人们更可能开诚布公地讨论和接受新的思想，幼儿园文化重构也更能得到幼儿教师的认同。相反，如果工作氛围不好，虽然可能领导想要重构幼儿园文化，但是得不到幼儿教师的认同，或者幼儿教师表面认同，却不将其落实到自己的教学工作中，幼儿园文化重构终究没有真正实现，幼儿园文化不能起到相应的作用，便会影响学习型幼儿园的建设。甚至幼儿教师阳奉阴违的做法，可能还会导致学习型幼儿园推进过程出现混乱，这比一时的改革停滞更为严重。因此，在建设学习型幼儿园的道路上，和谐的工作氛围是凝聚整个幼儿园教师群体的重要精神力量，对于学习型幼儿园不可或缺，这也是其作为幼儿园观念文化的一部分，增强幼儿教师群体凝聚力的重要体现。幼儿园文化是一种环境，更是一种氛围，是一种理念，更是一种精神，是一种需要长期培育、苦心经营的教育氛围。优秀的幼儿园文化能赋予幼儿教师独立的人格、独立的精神，激励幼儿教师不断反思、不断超越。

> 园长是幼儿园整体学习氛围的营造者。她自己是一个很钻研的人，她的钻研精神就会无形给你一种影响，我们也应该向她学习……以前可能就是一两个班级或者说是教研组比如语言教研组、数学教研组、大班组、中班组、小班组等实施行动研究，现在基本是全员参与，因为学习型幼儿园建设是全园的事情，园里也觉得这样的教学方式好，能够带动我们老师真正去学习成长。

老师们都参与到研究中来，才能推动幼儿园发展成为学习型组织，不然就是学习型小组了，不是真正的学习型幼儿园……一般都是有专家指导参与的，有的是教授参与，有的是区里的教研员参与，老师们是一定在里面的，成长最多的人也是一线的幼儿老师们，在研究团队中参与学习，最直接的就是解决自己的实际教学问题，提升拔高教育教学，还有就是老师们和专家们的合作研究，帮助提高老师的研究能力，相当于有人带着你研究，而且是在参与实践过程中边实践边应用，这样学的效果好，进步也快。

从L幼儿园的实践情况来看，其园本文化是和谐的、开放的，这种和谐开放的园本文化增强了幼儿园的凝聚力，引领幼儿园走向不断学习的学习型组织。具体而言，一方面，L幼儿园非常重视和谐宽松的文化氛围。在长期形成的这种宽松和谐的文化氛围中，幼儿园组织成员之间相处更加和谐，有益于幼儿园内部的合作学习与共享实践，而幼儿教师之间不断协作的活动行为反过来又促进组织成员之间建成紧密的情感连接，增强了幼儿园的组织凝聚力，形成愈加和谐的学习型幼儿园园本文化。另一方面，L幼儿园非常重视开放的学习环境的营造。幼儿园上上下下俨然已经形成了不断学习的蔚然之风，首先是组织成员本身是爱学习的且在实际的教育教学工作之中不断付诸实践积极主动学习，这得益于L幼儿园的不懈努力。其次是幼儿园是鼓励学习、推崇学习、支持学习的，L幼儿园对学习型组织的建设是全方位的，除了幼儿园积极带头引领学习，他们还为幼儿园内的学习提供了各种必要的条件及支持，比如创建学习小组，为幼儿教师组织研修学习活动、购买网络学习资源库、搭建园内园际合作学习平台等各项举措，大力鼓励、支持幼儿教师学习。最后是L幼儿园对学习的推崇是一个持续的改革过程，而非短期的倡导。L幼儿园建设学习型幼儿园的实践过程中，单纯从时效上来看，这一变革自2015年始已经持续了多年，并且将一直持续下去，从这点意义上看也大大体现了L幼儿园不断建设持续发展的学习型组织的决心。而且L幼儿园在建设学习型组织的实践过程中，考虑到幼儿教师的工作任务的繁重性，为幼儿园的组织成员提供各种学习支持，营造学习环境，比如，给予幼儿教师专门学习的时间，采用轮休替班等形式保证幼儿教师在不耽误正常工作的同时，给予幼儿教师足够的学习支持，使幼儿教师能够兼顾学习与工作，同时促进专业发展与职业进步。

5 学习型幼儿园构建的理论模型与建议

通过前文扎根理论研究的深入分析，我们发现要谋求幼儿园的创新变革发展，提升幼儿园的效能，建立学习型幼儿园的基本框架已经形成：幼儿园在面对外在环境和内在环境变化时必须创新改变，而创新改变就需要有强烈的变革需求、发展需求和学习需求，这是学习型幼儿园发展的根基。本研究基于学习型组织理论，以L幼儿园为个案进行扎根理论分析，通过描绘学习型幼儿园的概貌特征及运行过程和机制，以及学习型幼儿园发展的现实困境及组织学视野下的归因，深入剖析、逐步厘清学习型幼儿园的具体构建实践逻辑，抽丝剥茧，运用学习型组织理论的三个核心概念，即“心智改善”、“结构重组”和“文化重构”，并以此为工具剖析学习型幼儿园构建的实践，最终发展出学习型幼儿园的构建模型，并据此提出相应建议，以期为建立完善的学习型幼儿园提供一些建设性参考。

5.1 学习型幼儿园构建的理论模型

本研究基于学习型组织理论，以学习型幼儿园为研究对象，将研究范围限定在幼儿园内部组织层面，聚焦幼儿园自身的组织特性。

“组织”是个大概念，从不同层面出发，涵盖着不同的人员构成，拥有不同的运作机制，并相互构成一定的层级关系。换而言之，既包含了幼儿园的横向组织结构，又涵盖幼儿园运行的纵向发展，还包括两者之间的交互，也就是最终形成的学习型幼儿园的文化。基于此，本研究以L幼儿园为个案进行扎根理论分析，试图发展出学习型幼儿园构建模型，并据此提炼出学习型幼儿园的本质特征及运行形态，以期为完善学习型幼儿园的建设及未来幼儿园特色、内涵、变革发展提供参考。

学习型幼儿园构建包括三大类属和6个主范畴，其中学习型幼儿园的心智改善包括变革领导（总体设计、领导变革、学习引领、支持服务）、共同愿景（向心凝聚力、价值展示、远景追求、近景目标）两个子范畴；结构重组包含赋权增能（专业指引、协调组织、分享权力、共同决策）和共享实践（反思质询、观摩研讨、教学研究）两个子范畴；文化重构包含合作学习（信任延宕、情感连接、群体导向）和持续支持（物质文化、规范文化、观念文化）两个子范畴。另外，深度访谈发现，心智改善、结构重组、文化重构在学习型幼儿园构建实践中存在着环环相扣、螺旋上升的过程性关系，且三者并非孤立地、单一地影响学习型幼儿园构建的某一运行阶段，而是复杂地、交互地综合影响学习型幼儿园。通过质询条件表征不同层面的类属关系，形成立体式的有机关联，确定扎根编码的最终模型，具体如图1所示。

该理论模型总结了学习型幼儿园中各构面之间的相互关系，即在心智改善（变革领导及共同愿景）的领导引领下发起，结构重组（增权赋能、共享实践）以驱使推动运作，通过文化重构（合作学习、持续支持）持续保障支持，激发不断学习的愿景，发生组织合作互动，进入持续变革的学习型组织。

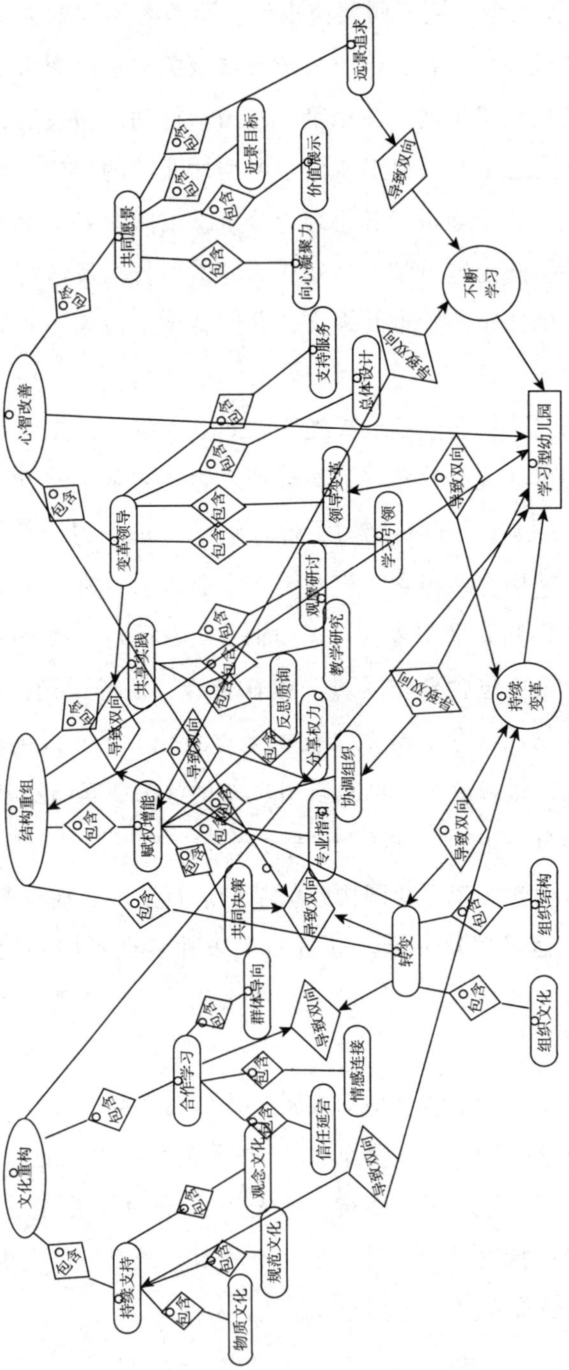

图 1　学习型幼儿园的构建理论模型

5.1.1 学习型幼儿园的结构特征

本研究的目的在于探究学习型幼儿园的构建过程和发展本质，希望透过对幼儿园创建学习型组织的过程的探究与剖析为幼儿园改革创新、幼儿教师专业发展与幼儿教育提供反思与启示。在此目的的前导下，本研究所要探究的主要问题为如何创建学习型幼儿园及其主要结构特征为何。研究者以学习型组织方法论的思维，并透过访谈所建立的文本分析，使学习型幼儿园创建过程在历经深层的对话、三大主要阶段（心智改善、结构重组、文化重构）的不断反思，以及互为主体的情境下，逐渐呈现出其深层的意义和本质特征，并归纳出6个蕴含学习型幼儿园本质的主题，分别是变革领导，突破禁锢走向开放的组织管理；共同愿景，个人愿景融于集体愿景的价值目标；赋权增能，从集权走向分担的组织结构；共享实践，自主建构转向交互实践的驱使推动；合作学习，从孤立走向对话的教师学习管理；持续支持，由非常态走向常态化的系统思考。而各主题之下都有次主题来揭示该主题的过程与意义，例如主要在描述学习型幼儿园创生架构的共同愿景的“个人愿景融于集体愿景”的主题下，便有“各自为政散人心”、“亟待向心凝聚力”、“价值展示奠基石”与“远景近景共引领”等4个次主题。总的来看，尽管幼儿园构建学习型组织是从心智改善发起，然后经过执行阶段的结构重组的过程，最后在成熟阶段完成文化重构，但是共同愿景、合作学习、赋权增能、共享实践、持续支持等学习型幼儿园的本质特征却是贯穿整个学习型幼儿园创建过程的，只不过在某个阶段更为突出地表现出来，并且五大特征也有相互交织的地方，相辅相成，共同促成学习型幼儿园的构建及发展。进一步讲，学习型幼儿园的本质特征，在这6个阶段特征本质的主题描述与阐释下，渐渐地清晰可辨，研究者在感受到建构过程背后深层意义的同时，也更深切地体会到幼儿园探索学习型组织之路的艰辛与寻求幼儿园创新改革的期望，对于研究者最初所要探究的问题也在此透过组织学的建构过程而得到了解答。不难发现，在探究、剖析构建学习型组织的过程中，学习型幼儿园的本质特征也逐渐显现出来，即我们勾勒出的理想的学习型幼儿园是学习型的、合作型的、持续变革的幼儿园。

第一，学习型幼儿园首先是学习型的、研究型的幼儿园。上至园长、教研主任等幼儿园领导，下至每一位普通的幼儿教师，都是积极主动学习、不断反思自省、善于自我教育研修的，整个幼儿园是充满学习研究氛围的，幼儿园的条件及政策是极力支持学习与进修的。因为只有幼儿教师学会学习，拥有持续学习的能力，才能言传身教地教会我们的孩子“学会学习”，拥有持续学习的品质。第斯多惠主张：“不能自我发展、培养和自我教育的教师，同样也不可能培养和教育他的学生们。”[①] 美国学者库姆斯也提出，成为优秀幼儿教师的第一步是先成为“一位不断自我完善的人”。研究发现，学习型幼儿园中持续学习、自由发展的共同愿景，合作学习的对话模式，培育幼儿教师领导权、走向幼儿教师学习共同体的领导管理方式，反思质询与观摩研讨相结合、教学实践与研究学习相辅相成的共享实践的工作方法，以及持续发展、系统思考的和谐共生的、开放自由的学习环境等无一不蕴含着幼儿园的学习型的本质特征，无一不指向学习型这一幼儿园变革发展的终极目标。这既是构建学习型幼儿园的路径，同时又是幼儿园改革创新的追求，培养学习型、研究型幼儿教师，促进幼儿教师专业成长与职业发展，进而培养幼儿学会学习的品质，最终实现幼儿身心全面发展。

第二，幼儿园作为学习型组织，组织成员之间的合作交流与协作分享是幼儿园组织管理最为关键的一部分，也是组织管理层面最为核

---

① 〔德〕第斯多惠．德国教师培养指南［M］．袁一安，译．北京：人民教育出版社，2001：24.

心的结构特征之一。研究结果表明，幼儿教师在教学实践的过程中，在幼儿教师实践共同体组建及发展的过程中，在学习型幼儿园的建设推进中，均与团队成员建立良好的互动关系，相互促进、共同学习、共同成长。具体而言，一方面，学习型幼儿园中的幼儿教师在合作学习中共同成长，建立紧密的情感连接的同时，也着眼于群体导向的驱动，互相帮助增进职业认知，拓宽专业视野，成就彼此。这不同于传统成人学习单枪匹马式的自主学习特点，而是在幼儿教师学习共同体这样的团队中，在学习型幼儿园这样一个合作型组织中进行合作学习、交流分享。因为作为成人学习者，幼儿教师学习的需求不仅体现在自我提升、职业成长等个人需求方面，更体现在服务社会组织、社会交往、社会刺激等社会需求方面。[①] 幼儿教师要在了解个人需求的基础上，积极参与幼儿教师团体间的交流。我国课程改革也大力倡导合作式的教师学习，“要改变教师的孤独处境，需要教师能在合作中相互学习发展，促进教育改革的进行”。[②] 因此，幼儿教师要学会在与他人分享经验、资源的过程中，实现对知识的深刻理解和应用。另一方面，学习型幼儿园中的幼儿教师在共享实践中相互促进，幼儿教师实践共同体作为一个团队，共享实践、共用工作空间，将教学实践中的反思与质询相互补充，观摩与研讨相互促进，教学与研究相辅相成，打破了幼儿教师独自履行教师职权的传统教育观念，实现由自主建构向交互实践的转变。尽管独自履行教师职权是约定俗成的教学传统，但是学前教育的领域融合与保育结合的学段教学特征，使得幼儿教师职业具有特殊性，因此，这也缓解了幼儿教师在学习型幼儿园内开展共享实践活动的探索负担。因此，幼儿教师在与他人协作分享、共享实践的过程中，实现职业能力的不断提升与成长。总之，幼儿教

---

① 叶荣，张君伟，李可．通过合作学习方式开发与利用成人学习者自身的资源优势［J］．广播电视大学学报（哲学社会科学版），2009（4）：122-125.

② 钟启泉，崔允漷，张华．《基础教育课程改革纲要（试行）》解读［C］．上海：华东师范大学出版社，2001：32.

师在学习型幼儿园的构建过程中合作学习、共享实践、提升自我，与此同时，又在合作学习、共享实践、提升自我中为学习型幼儿园建设添砖加瓦，推动幼儿园发展。因此，这是一个实现个体与组织双赢的过程，是实现个体自由发展与组织提升优化的双向的组织管理层面的较为完美的结合。

第三，持续变革是学习型幼儿园隐含的另一本质结构特征。幼儿园为适应不断变化的环境，只有力求创新改革才能应对环境变化所带来的挑战，而学习型组织则是幼儿园选择的变革之路。因为学习型组织永远不是一个终极的概念，而是一个进行着的概念。因此没有凝滞的“组织”模式，它永远处在“形成组织”之中，没有终极理想状态，学习型组织的精髓是促进组织变革，推动组织发展。而学习型幼儿园强调的正是组织作为一个整体，能够不断适应环境变化，进行学习、创新、变革，从而获得生存和可持续发展，实现全体幼儿教师及幼儿园真正想要的目标。因此，从本质上讲，学习型幼儿园是组织发展的过程，也就是说，如何从“现状”走向组织希望的另一个状态。具体而言，持续变革体现在学习型幼儿园的持续学习的共同愿景和不断赋权的领导管理模式两个层面。一方面，学习型幼儿园以持续学习为共同愿景，这也就意味着持续创新、持续变革。换句话说，只有不断学习不断进取，幼儿园才能长远持续发展，这也是学习型幼儿园在文化重构阶段，为幼儿教师专业发展提供持续性的物质文化保障、常态化的规范文化、学习型的观念文化等的原因。另一方面，学习型幼儿园培育幼儿教师的领导权，将领导权力重心下移，纳入多方力量，组建学习共同体，并不断注入新鲜血液实现学习型幼儿园幼儿教师共同决策、分享领导权等，所有的这些举措最终指向的都是幼儿园拥有不断更新的集体智慧，吸纳更多智力资源推进幼儿园持续发展。因为幼儿园的发展不再是园长一个人的事情，而是幼儿园每一个个体、每一位幼儿教师都有权利和责任推进学习型幼儿园长远持续发展。

5.1.2 学习型幼儿园的运行程序

本研究在已有的学习型组织理论研究基础上，通过探寻幼儿园这一学习型组织构建过程，以组织发展过程的研究视角探究学习型幼儿园的特征。总的来讲，本研究旨在基于学习型组织理论，探究构建学习型幼儿园的完整过程，这也是实践幼儿园学习型组织的修炼之旅，追寻超越学习型组织创新发展的探索过程。研究发现，学习型幼儿园的构建过程历经发起、执行、成熟三大阶段，即从心智改善入手，经过结构重组，最后实现文化重构，三大阶段相互贯通，逐步推进，循序渐进地构建起超越学习型组织的学习型幼儿园。同时，学习型幼儿园在这一构建过程中，表现出变革领导、共同愿景、赋权增能、共享实践、合作学习、持续支持等学习型幼儿园的阶段性特征，六大阶段性特征相互渗透、相辅相成，贯穿幼儿园构建学习型组织过程的始终，步步为营，层层修炼，进阶成为真正的学习型组织。在此基础上，最终勾勒出学习型幼儿园的发展脉络特征，大致描绘出学习型幼儿园的运行程序。

为谋求幼儿教师的职业发展与专业成长，促进幼儿园的持续创新及长远发展，进而实现幼儿身心全面发展的终极目标，L 幼儿园把目光投向了学习型组织，在不断地探索努力中走出了一条独特的学习型幼儿园之路，超越学习型组织理论基础，实现了学习型组织理论的创新发展，探索出学习型幼儿园的三阶段构建发展路径。然而，学习型幼儿园的创建并非一帆风顺的，在学习型幼儿园创建改革的道路上，有挑战、有意料不到的困难，更有错综复杂的事情，需要幼儿园及其园内幼儿教师共同努力，勇往直前。那么在改革的过程中，幼儿园怎样才能保持动力和取得长期的成功呢？基于对 L 幼儿园改革过程的探究，答案存在于三个改革阶段，即发起、执行、成熟的探索过程中。

首先，学习型幼儿园从变革领导及共同愿景两方面改善组织成员心智。一方面，变革领导首先从园长入手，将权力重心下移，同时园长承担多重身份角色，引领、支持幼儿教师走向学习型组织之路，并与幼儿教师成为并肩作战的合作学习者；另一方面，共同愿景经过了各自为政散人心的初期混乱后，急需全园的向心凝聚力，然后幼儿园决定公开明确展示以幼儿为本的持续学习的价值理念，这为学习型幼儿园共同愿景得以确立进而深入人心奠定了基石，确立了共同愿景之后，幼儿园又将远景追求与近景目标相结合，循序渐进地逐步实现幼儿园的发展目标。

其次，在改善了幼儿教师的心智的基础上，幼儿园从组织结构方面着手推进学习型幼儿园的建设，即结构重组。一方面，是从集权走向分担的赋权增能以转变领导管理模式，吸纳外部专家学者增进幼儿教师团队的智力，尽管介入不是那么顺利，但切实发挥了专家学者的理论提升、研究引领的作用；教研主任作为中间人在协调专家学者与幼儿教师的沟通交流、联通理论与实践的同时，为幼儿教师分享领导权做了榜样示范；在幼儿教师团队发展起来之后，为推广拓展学习型幼儿园的发展，积极吸纳新的幼儿教师参与进来，以实现更大范围的共享领导权力，最终实现学习型幼儿园的追求目标，即全员参与、分享领导权、共同决策的目标。另一方面，自主建构转向交互实践以改善组织管理模式，这一层面则在日常的教学实践中穿插开展、同时进行，在幼儿教师个人反思与集体反思的基础上，开展成员之间的相互质询，尔后开展幼儿教师教学观摩，在观摩的基础上进一步做针对性的教学研讨，最后总结教学研究过程，将学习与实践结合，开展幼儿园行动研究，形成“反思—实践—再反思”的循环过程。在这个螺旋上升的过程中做到反思与质询互补，观摩与研讨相辅，教学与实践相结合的交互。

最后，完成了心智改善和结构重组过程以后，学习型幼儿园初步建成，但此时的学习型组织还未稳固，需重构文化以推进学习型幼儿园在创新变革之路上持续长远发展。一方面，组织气氛上，注重合作学习，从孤立走向对话也经过了幼儿教师的漫长摸索，开始幼儿教师的漠然甚至抵触的态度以及教师之间的竞争关系使得合作学习的信任基础迟迟得不到建立，慢慢地，幼儿园从情感层面入手，打破紧张的局势，建立起紧密的情感连接，尔后分享交流研讨有序开展，在研讨活动因琐事纠葛受阻时，及时调整方案，将幼儿教师的注意力拉回到教学实践本身，倡导群体导向，驱动幼儿教师合作学习。另一方面，持续支持上，具体体现在物质文化、规范文化、观念文化三个方面。首先是基层的物质文化，时间场域等条件的持续性以及智力资源的网络化为学习型幼儿园的文化重构打下物质基础，其作为一种固态的沉淀，不仅直接作用于学习型幼儿园建设，而且潜移默化地影响学习型幼儿园发展的持续性与层次性；其次是连通底层物质文化与上层观念文化的规范文化，其作为中间桥梁，涵盖了常态化的教研范式以及制度化的评估考核，过程进行中的教研范式为这一阶段的结果做引领，过程结束后评估考核又为下一阶段的进行匡正方向，以此循环往复，螺旋上升，共同为幼儿教师专业学习与职业发展及学习型幼儿园建设事业添砖加瓦；最后是上层的观念文化，它是幼儿园文化结构中最稳定的因素，有什么样的价值观念，就会有什么样的幼儿园管理制度和幼儿教师行为，以及外在形象和表现。

学习型幼儿园的构建过程漫长而曲折，其中有过停滞、反复，甚至倒退，但在幼儿园全体幼儿教师的努力下，他们探索出了一条适合幼儿园发展的持续前进的道路。在摸索中，他们确立了突破禁锢走向开放的变革领导、个人愿景融于集体愿景的共同愿景、从集权走向分担的赋权增能、自主建构转向交互实践的共享实践、从孤立走向对话的合作学习，以及由非常态化走向常态化的持续支持等。在此基础上，以幼儿园为实践基地，践行了学习型组织修炼发展之路，又探索出以幼儿园为主体对象的学习型组织发展的创新变革之路。

5.2 学习型幼儿园构建的建议

任何组织所指的都是一个组织的整体，既包括组织内人员的构成及分工，也包含组织中的人与组织环境之间的相互作用。从这点意义上出发，组织的构建及运行包含三个方面的意蕴，即组织、人与环境。具体而言：第一，组织作为一个整体，组织本身的有序运转；第二，组织的主体，人在构建组织过程中发挥的作用；第三，组织存在所依存的生态环境，既包括组织内部环境，又包含组织外部的社会环境。显然，学习型组织作为组织的一种也不例外，其构建也遵循组织构成及运转的一般规律，推及学习型幼儿园，其作为学习型组织在学前教育领域的具体实践，在构建时也应注意组织、人与环境这三个方面的建设。本节将在前文叙述的基础上，反思学习型幼儿园的构建实践，并据此提出相应建议，具体包括：明确幼儿园持续学习的长期目标、提供幼儿园学习与变革的条件支持、注重幼儿园系统思考的园本管理、建立幼儿园合作学习的激励保障制度、构建幼儿园开放分享的学习文化、园长要具有学习变革型的领导力、教师要有合作学习与自我发展的意识、提供园所发展的相关社会保障、建设网络学习研修社区等，以期为建立完善的学习型幼儿园提供一些建设性参考。

5.2.1 组织运作：完善学习型幼儿园的组织管理

学习型幼儿园的有序运转，离不开科学合理的幼儿园组织管理。幼儿园的组织管理，包含幼儿园作为整体的组织结构、组织运行等方方面面的内容。因此，为构建完善的学习型幼儿园，本研究从幼儿园的组织层面提出一系列相关建议，如明确幼儿园持续学习的长期目标、提供幼儿园学习与变革的条件支持、注重幼儿园系统思考的园本管理、建立幼儿园合作学习的激励保障制度等，切实发挥幼儿园组织在推进学习型幼儿园的形成与发展方面的作用。

5.2.1.1 明确幼儿园持续学习的长期目标

确立关于学习型幼儿园的定位与目标是建设学习型幼儿园的第一步，为学习型幼儿园的总体发展设计蓝图至关重要。在此基础上，在学习型幼儿园的具体构建实践中，尤其要向幼儿园全体组织成员明确宣布学习型幼儿园的目标愿景，使全体幼儿教师均知悉幼儿园发展的长远目标，在目标的指引下协同合作，共同建设学习型幼儿园。

首先，学习型幼儿园应设立高瞻远瞩的长远目标，引领幼儿园的长期持续发展，而非短期的小计划，并将这个长远目标纳入幼儿园的长远持续发展日程中。因为学习型幼儿园作为学习型组织，其发展是追求持续地变革与不断地学习，既然要建设不断学习与持续发展的幼儿园，其目标站位必须高远，如此才能起到引领作用。学习型幼儿园需要设定总的高远的目标，促使幼儿教师不断学习与成长，持续不断地学习与实践，来达成目标愿景，以实现对学习型幼儿园终极目标的无限靠近。另外，长远目标能为幼儿园的稳步发展奠定基础，避免因频繁更换甚至重新设计目标而导致混乱局面，确保幼儿园建设发展的持续性，从而推动学习型幼儿园的长远发展。在长期的稳定的目标指引下，学习型幼儿园才能够稳步发展。

其次，建设学习型幼儿园的长远目标一旦确立，应立即明确告知幼儿园内全体组织成员，包括幼儿园管理层及每一位一线幼儿教师。幼儿园的组织成员明确幼儿园的组织目标是学习型幼儿园的建成及目标实现的关键，为幼儿园通力合作，共同实现学习型幼儿园的建设目标奠定基础。相反，如若园所目标不够明确，则难以使目标最终实现，出现幼儿教师有心无力的尴尬局面。创生学习型幼儿园的共同的长远目标的前提便是，明确告知全体幼儿教师当前幼儿园的共同目标是什么、未来幼儿园的价值追求是什么。因为只有明确向幼儿教师展示幼儿园的共同的长期目标，幼儿教师才会有明确的奋斗方向，而不至于因缺乏共同愿景的指引而单打独斗甚至迷失方向，幼儿教师才会凝聚起来共同为学习型幼儿园的建设团结奋斗，形成一股协力合作的强大力量。因此，在学习型幼儿园中，向幼儿教师明确展示以幼儿为中心的全体师生合作分享、持续学习的价值观尤为重要，这也成为奠定学习型幼儿园不断前进发展的心理基石。在明确的目标指引下，组织成员才能够向着正确的方向努力，推进学习型幼儿园的实践发展。

最后，在长远目标的引领下，还应根据幼儿园不同的发展阶段及发展层次水平设定近期的阶段性目标，为幼儿园组织成员具体的工作实践做切实有效的指引。为达成幼儿园的总体的高远的长远目标，应该将共同目标细化、阶段化，使其切实可行，能够逐步推进达成，形成一系列螺旋上升的幼儿园的阶段性发展目标，同时这些阶段性的目标是在总体目标的设计之下相互衔接的，需要幼儿园长期坚持与推进，使之成为引领幼儿园不断学习、持续发展的长期系列目标。幼儿园可采用小步走分阶段的策略，不断更新阶段目标，在具体的近期目标的指引下，构建学习型幼儿园这一终极目标更易达成，幼儿教师也更易实现个人目标进而获得职业效能感。学习型幼儿园的发展是永无止境的，相应的幼儿园的阶段发展目标也需不断更新、永不止步地去践行。为此，幼儿园可以采取小步骤、分阶段的方式，将幼儿园的目标愿景划分为远大的、高远的、不断努力才可达成的引领性的长远目标的同时，还应创生一系列螺旋推进、相互衔接的阶段性目标，这些阶段性目标既要易于实现又要有一定难度，指向远大追求的同时又有具体的指导性。近期的幼儿园阶段性发展目标一方面能够促进幼儿园学习任务的高效完成，另一方面也能够激发幼儿教师的工作积极性与学习热情，进而实现幼儿教师与幼儿园的共同发展。

5.2.1.2 提供幼儿园学习与变革的条件支持

学习型幼儿园的建设离不开幼儿园层面的支持，从形成到运转及持续发展，整个学习型幼儿园的建设均需各种条件的支撑，既包含时间空间条件的支持保证，还包含学习资源机会的支撑保障。一方面，在保证幼儿教师工作正常开展的基础上，给予幼儿教师充足的学习时间和专门的学习空间，为幼儿教师的专业学习提供物质基础。另一方面，为幼儿教师提供了多元化的学习资源与机会，确保幼儿教师学习之路顺畅，维持学习型幼儿园的持续不断发展。形成以幼儿教师学习为主要推动力的学习型幼儿园建设发展系统，为幼儿教师提供学习资源、专家指导、培训机会等多种学习途径，丰富幼儿教师的学习层次。给予全面的系统的智力支持，为建设学习型幼儿园，应形成以园为本的学习研修体系，吸纳来自幼儿园的园长、分管领导、教研主任和幼儿教师，来自教育主管部门的教研员和行政教科研单位人员，以及来自高校的学者教师、学前教育领域专家等。形成专家引领与教师示范的纵横贯通的园本智力资源支持模式，吸纳各方参与人员，融合园内园外智力资源。在具体实践中，一方面，深入挖掘幼儿园内教师示范的智力资源优势，形成由名师名园长带头，骨干幼儿教师作为中坚力量，带动吸纳普通幼儿教师研修学习的全员参与、共同进步的园本智力成长梯队。具体而言，发挥名师名园长的引领示范作用，为幼儿园师资队伍建设做出整体规划的同时，根据幼儿园内部成员个体的发展阶段与水平特点制定针对性的专业发展与研修学习的策略，定制个性化职业发展规划，并将个体专业发展融入学习型幼儿园的整体建设中来，实现学习型幼儿园组织整体与幼儿园组织成员个体的共同发展。同时，在学习型幼儿园建设实践中，强调组织成员的交互作用，鼓励成员之间相互协作、合作学习、共享实践，形成良好的园本专业发展的环境氛围，在园本智力资源层面有力保障和支撑学习型幼儿园的建设。反过来，借助园本智力资源的良好文化氛围，促进学习型幼儿园组织成员个体的专业成长与发展。幼儿园还可以通过开展研讨会、教学交流、同课异构、读书会等园本教研活动引领及支持幼儿教师的持续学习，不断渗透持续学习的集体价值观念，为幼儿教师的持续学习及幼儿园的不断革新提供重要支撑。另一方面，幼儿园还应积极寻求与外界专业力量的合作发展，通过与当地高校专家开展项目共建活动、行动研究等，积极吸纳外部智力资源优势引领、指导幼儿园的长效研修与幼儿教师队伍的专业学习与专业发展。另外，幼儿园还可以积极寻求上级教育行政部门的指导与帮助，邀请市教研员、区教研员等下园指导，积极发展幼儿园的园本智力资源建设。与此同时，幼儿园还可以通过同区域内幼儿园及优质幼儿园建立专业联系与合作，加入区域教研共同体中，与其他幼儿园相互促进、谋求共同发展。在以学习型幼儿园建设为主要任务的活动开展过程中，邀请幼儿园专家和教研员定期来园指导，了解研究进程及阶段性成果，及时跟进幼儿园建设研究进程，以明确把握介入研究进行指导的时机和内容等。综上所述，建设学习型幼儿园应以园本智力资源为本，吸纳外部专业力量，形成上下联动、双向结合、优弱互补的纵横交错的幼儿教师研修学习体系，为学习型幼儿园的更高层次、更远前景的发展奠定稳如磐石的智力资源和精神根基。

5.2.1.3 注重幼儿园系统思考的园本管理

构建学习型幼儿园是幼儿园所有维度的合力互动以及系统思考的决定。在任何幼儿园，园长及其领导团队在很多方面最有影响力，他们的影响力表现在：能够确定和保持幼儿园的发展方向，影响幼儿园的风气、学习氛围、专业化水准，以及幼儿教师的精神面貌；能够通过合作、团队或群体决策来解决问题，传播和造就凝聚力，充分了解幼儿教师的需要，并采取一系列广泛的支持行为来促进幼儿教师的学习和专业发展。园长的领导行为影响幼儿园学习文化的构建。幼儿园文化提供了一套规定人应该做什么和怎样达成的准则，所以学习制度建设在很大程度上影响着教师的组织学习状态，鼓励合作与实践能够推动教师不断追求卓越。而组织学习力最核心的力量是教师的行动反思力。通过行动反思能够提示我们做事是源于对教育和学习的一些基本假设。通过对自身行动依据的质疑，了解别人对自己言行的感受，从而来调节自己的行为以达成我们所期望的结果，不断探索理论和实践的统一。行动反思只有在良好的学习分享文化中才可能实现。

同时，幼儿园合作学习文化的营造同幼儿园场景和教师习惯养成密切相关。而习惯养成同幼儿园组织学习系统的制度建设密切相关。幼儿园场景是一个运作空间，任何与该空间有关的对象经历的一切事情都必须参照场景中的关系来理解，而不能仅仅凭对象的内在性质来理解。幼儿教师在幼儿园的文化场景中既受其结构制约，又受其习惯制约；同时，习惯作为一种生成性的结构，既塑造组织实践、推动历史，又是历史的产物，是一种后天习得的生成性图示系统。场景和习惯相互制约：一方面，场景形塑着习惯，使习惯成为某个场景中固有的必然属性，并体现在个体实践中；另一方面，习惯有助于把场景建构成一个充满意义的世界，一个被赋予了感觉和价值，值得教师去投入、去尽力的世界。如果把场景理解为“内在性的外在化”，那么习惯就是“外在性的内在化”，实践理论必须同时考虑这个双重过程。具体来说，幼儿园场景中的文化影响着教师的组织学习，从而影响着教师组织学习习惯的养成。同时，教师的组织学习又反作用于幼儿园的文化场景，赋予幼儿园场景更加丰富的合作文化内涵。我们知道，在每一个复杂的系统中，整体的行为都能依据部分的特点作出分析，但系统科学表明，生活系统不能通过分解来理解，局部的特征并不是固有的属性，只能在一个大的背景下才能被理解，因此系统思考是情境思考，而且依据背景解释问题就意味着要依据环境对事物进行解释，是所有环境合力互动的结果。

面对外在环境的变化，只有建立学习型幼儿园才能提高幼儿园的学习力与革新力，从而提高幼儿园效能和幼儿园竞争力，促进幼儿园发展。而构建学习型幼儿园，必须给幼儿园充分的权力，从中央集权走向地方分权的变革，改变原有教育行政部门统一管理的制度，进行园本管理，促进幼儿园自身制度的变革和激励创新制度的变革。教育主管部门统管幼儿园，导致幼儿园缺乏自主权力，幼儿园需要这种参与决定变革的机会以及灵活应对外部环境的权力。所以，建立学习型幼儿园，首先要保障幼儿园的自主办学权，政府的职能要改变，赋予校长应有的权力，如办学自主权、财权和人事权，改变过去政府和幼儿园角色混淆不清、政府包揽幼儿园职能、对幼儿园实施全过程和全方位控制的局面，消除幼儿园成为政府附属机构的现象。政府可以通过宏观调控、监督，充分给幼儿园赋权，转变传统的领导关系，形成新型的相互促进、相互支持的关系。改善政府和幼儿园系统期望的目标和幼儿园自身期望的目标之间的平衡关系，以保证政府在宏观和微观领域做出正确的支持性的贡献。政府要突出责任和服务功能，将对幼儿园的具体指令性的行政管理转变为以宏观调控和服务为主，通过政策法规的制定、专项基金扶持、监督指导、组织支持服务等各种间接的手段对幼儿园进行管理。通过制定相关法律法规对幼儿园进行宏观管理；通过下拨经费支持幼儿园发展；通过督导机构的督导和中介机构的评估对幼儿园进行监督引导。政府应下放权力，尊重幼儿园的法人地位，给幼儿园充分授权，实现幼儿园自主管理，促进幼儿园办学的积极性、自主性和创新性。进而言之，提高幼儿园的变革和创新能力的焦点应放在幼儿园自身的适应能力和变革能力及幼儿园教师的创新能力和组织学习能力上，也就是建立幼儿园园本管理机制。园本管理是通过运用分权、授权、协作、团队等组织行为学的原理和技术，来构筑幼儿园与外部（上级主管部门、社区等）及幼儿园内部（园长、教师、幼儿等之间的相互关系）的新型关系。建立现代的园本管理制度，强调政府与幼儿园职能的分离，政府权力下放是幼儿园实施变革、激活幼儿园能量、实施园本管理的必要条件。

5.2.1.4 建立幼儿园合作学习的激励保障制度

无规矩不成方圆，幼儿园规章制度是“幼儿园立之大本”，是幼儿园“共同的信约”。幼儿园管理自然离不开幼儿园严格完善的规章制度。制度是幼儿园有序化运行的体制框架，同时又是幼儿园发展创新的源泉。幼儿园制度是约束幼儿园各组成要素的行为以及幼儿园本身行为的内部准则和规章，是幼儿园“共同的信约”。幼儿园是一个多因素、多层次、多系列、多结构的复杂的综合体，要发挥这个综合体里成员的智慧并提升幼儿园效能，就需要建立完善的组织学习机制，构建鼓励幼儿教师参与决策的管理体系。可以采用多种管理机制模型，如幼儿园发展和管理委员会——由园长、教师、家长、专业支持管理人员组成，负责制定幼儿园发展政策；还可设立各种委员会，多方面参与幼儿园决策，同时建立教师与管理者的学习制度和管理制度等。幼儿园建立了一定的规章制度和合作学习系统，就等于向全体幼儿教师提出了明确要求：应该做什么，不应该做什么，应该怎样做，不应该怎样做，以及让幼儿教师清楚幼儿园的发展目标、自身的主要职责、职业发展方向和前景。在这种日积月累、反复实践的过程中，就会形成一种良好的幼儿园文化和职业习惯，进而提高幼儿园的凝聚力。同时，建立科学合理的创新评估机制有利于推动幼儿教师的合作学习，促进幼儿园知识的创新与分享。而激发人的潜能和增强人们的责任感的最有效的方法是对其行为进行有效的引导、激励、关怀以及协调。如果没有激励物，我们怎能期望幼儿教师把教育教学搞好，期望幼儿园能改进？例如，如果没有一系列详尽的规则和规章条例，如果没有与不依从所造成的后果明确联系在一起的各项要求，那么我们怎么能期望幼儿教师和幼儿表现出恰当的行为呢？有效能的幼儿园必然具备一套与众不同的规范性支持系统和创新评估制度，用以推进持续学习。然而，仅靠这些并不能实现管理制度化，还需要有效的执行力相配合，以坚决的执行力维护制度的权威性。提升幼儿园制度执行力的关键在于以幼儿园管理理念引导教师行为，唯有如此，幼儿园才能持续发展。

5.2.1.5 构建幼儿园开放分享的学习文化

园本文化是推动幼儿园教育改革的中坚力量，它能够影响幼儿教师的教育观念、价值理念以及行为策略选择。学习型幼儿园的园本文化需要幼儿教师群体在长期的教育实践过程中不断积淀、演化和创造，文化在幼儿教师共同推进学习型幼儿园建设过程中得以建构提炼，与此同时，幼儿园文化也反作用于幼儿园全体成员，发挥其对幼儿教师学习共同体专业发展的引领作用，进一步巩固优化已经建立起来的学习型组织。故而，必须重视幼儿园园本文化对学习型幼儿园发展的引领作用。尤其需要关注的是，学习型幼儿园倡导合作，但并非完全排斥竞争，因此应在幼儿园中培育合作型竞争文化。所谓合作型竞争文化，就是要以幼儿园的组织合作学习为基础培育幼儿园的开放分享的园本文化，同时适当引入合理竞争，激励幼儿园内部组织成员良性竞争、相互促进，最终实现学习型幼儿园的和谐发展与高效发展。为建设良好的学习型学校的园本文化，我们倡导从实践入手逐步建设推进。其一，幼儿教师腾出专门学习时间与固定的研讨场域，确保幼儿教师学习的权利，为幼儿教师合作学习与共享实践提供常态性研修平台，其中既包括时间场域的充分给予与支持，也包括学习研修资源的多元化供给，还包括持续性的常态化的学习研修机制的保障等。其二，营造宽松、合作、分享的幼儿园环境，为幼儿园组织成员提供自由的开放的工作氛围。这一点应体现在幼儿园工作的方方面面，既要涵盖幼儿园的工作合作方式及学习成长机制，还要包含幼儿园的评估考核等观念及制度方面的文化，如在具体考核制度中应重视群体成果及过程性评价，这有助于推进学习型幼儿建设，促使教师更加关注协作。这种重过程轻结果的评价方式，能有效避免因追求结果而导致的组织成员之间的恶性竞争等现象。其三，在实践工作中巧妙运用竞争的作用，既要保证幼儿园团队的工作效率，又要避免个人主义及各自为政等现象，因此可采用团队内部合作与团队外部竞争相结合的方式，发挥合作与竞争的良性作用，规避两者作用的过度发挥。概而言之，在建设学习型幼儿园过程中长期积淀起来的幼儿园内重视、推崇以及切实落实支撑幼儿教师学习教研的分享、开放的园本文化，可为学习型幼儿园内营造全员学习的良好学习氛围发挥潜移默化的作用，进而推动学习型幼儿园的建设发展。

5.2.2　人本管理：发挥幼儿园组织成员的主体作用

实现“人”的发展是组织变革的最终目标，实现幼儿园发展的动力由外而内的深层次转换，是学习型幼儿园组织建设的关键因素。学习型组织区别于传统组织的最大特点在于对于组织中人的关注，追求以人为本的人本管理理念。学习型幼儿园作为学习型组织的一种，显然沿袭了学习型组织的这一管理精髓，关注幼儿园中幼儿教师的自我更新和专业发展，学习型幼儿园本质上是人本化的组织，是一个幼儿教师之间相互学习、共同成长，通过协作共享促进幼儿教师投身到专业学习中，共同致力于幼儿园成长的动态开放系统。因此，为构建高效运转的学习型幼儿园，应特别关注幼儿园组织成员的积极作用，发挥园长在学习型幼儿园建设中的引领带头作用，调动幼儿教师参与到学习型幼儿园的建设中来，促进幼儿园师资队伍建设及幼儿园发展。

5.2.2.1　园长要具有学习变革型的领导力

学习创新型的领导是构建学习型幼儿园的重要因素。园长及其领导团队是幼儿园的灵魂，是思考者，是幼儿园愿景、文化等的重要缔造者，园长的领导力是学习型幼儿园成功的关键因素。然而，在传统“官本位”教育管理模式下，这种自上而下的管理模式使得幼儿园教师对园长的权位产生敬畏之心，加之幼儿园是园长负责制，在幼儿园的领导权结构中，园长作为幼儿园的主要责任人，进一步强化了其对教师的影响力。在这样的背景下，园长的所作所为都会实际地影响幼儿教师的所思所想。虽然园长的领导对幼儿园发展有很强的影响作用，但事实上，研究表明，幼儿园的发展必须由园长及其领导的管理团队和幼儿教师团队共同参与。这里存在一个关于领导的整体理解，即认为领导是整个系统的责任，而不仅仅是园长的责任，要充分认识到幼儿园中每个人在发展变革过程中的责任和义务。所以教育领导的概念是随着幼儿园发展的理论和实践的发展而发展的。教育领导是引领、组织、管理组织成员共同工作的复杂的过程，领导是和创造与管理一个组织文化相联系的行为，即如何在组织中营造浓厚的文化氛围，领导的关键作用是对组织的文化进行变革。

在学习型幼儿园发展学习变革型领导者，是对传统领导管理研究的延伸。学习变革型领导者对其所在幼儿园的未来发展有着清晰的看法，园长是行为的激发者，不断地向幼儿教师描述幼儿园的发展愿景。当出现问题时，园长会听取各方面的意见，然后迅速做出决策。学习变革型领导者对幼儿教师的期望很高，希望幼儿教师能够积极地投入工作中，不断采取行动提高幼儿园的整体水平。学习变革型领导者注重制度建设和文化建设，并不断执行跟进，对行动进行分析质疑和反思。他们不仅制定决策，而且有意识地采取行动，以确保所有的决策和行动向着既定的方向前进。学习变革型领导者充满激情，非常关心幼儿园的教师和幼儿。园长通过推动、监控并调整学习系统规章制度以支持全体成员持续学习，并不断激发教师的潜能，满足其专业发展需求。进而通过提升承诺标准和激励表现，使学习变革深入幼儿教师共同体的实践场域。学习变革型领导者担任着教育变革者角色。随着社会的快速变化，教育领域需要创新变革，学习变革型领导者更清楚地掌握促进幼儿园变革的成长因素和抑制幼儿园变革的阻碍因素之间的互动关系，能对变革的成长因素和阻碍因素的形成原因有深刻且周详的认识，并提出相应策略。所以，学习变革型领导者必须是一个变革者。学习变革型领导还扮演着设计师的角色，要为未来的学前教育做好设计，如果变革的蓝图不适应社会的发展，那么变革也许会导致更早更多的教育失败。学习变革型领导者同时也扮演着教育者角色，对待追随者要像教师对待幼儿那样，引导支持幼儿教师的学习与专业发展。因此，学习变革型领导者有效领导的特征是：具有创新意识，能发展幼儿园集体的价值观和理念，能创造支持性的分享文化和决策机制，能促进教师持续学习，管理幼儿教师知识学习，是教师能力和课程的领导者；关注幼儿教师追随者，分享培育幼儿教师教育管理权力，能在有争议的内容上做出决定进而解决问题。领导管理团队应多与幼儿教师接触，形成良好的人际互动，关心幼儿教师所思所想，帮助幼儿教师制定职业发展规划的同时，给予幼儿教师自主教育教学以及学习发展的裕度空间。

在学习型幼儿园中，学习变革型领导者的发展涵盖幼儿园管理与发展的多个方面。首先是园长的自我更新，园长致力于实现幼儿园领导的理念提升、思维方式转型，在变革过程中，努力唤醒包括自身在内的领导层的发展意识，努力倡导和推进幼儿园领导研究所在幼儿园的问题、优势、可能的发展空间和条件，然后通过切实可行的研究性变革实践实现幼儿园的发展。其次是在学习型幼儿园发展过程中，引导幼儿教师认识到教育内在的使命，感受到幼儿、幼儿教师、管理者自身内在的力量，体验到学习型幼儿园教育所具有的无法替代的生命性，自觉地把教育中具体人的主动发展看作目标、过程和动力。相较于园长自身的变革及心智改善，幼儿园组织结构的变革实施起来会困难得多，这是因为传统幼儿园的官僚管理由领导者决策并管理教师行为，而现代幼儿园的领导模式正在显著转变，更强调建构式领导与促进式领导，即在教师群体中分享领导权、推崇集体共同决策等。园长应从自身做起，彻底颠覆以往的传统领导管理角色，真正做到放权、管理、服务。为此，园长还应通过正式地或非正式地寻求他人分享权威的方式，培育和提高幼儿教师的领导能力。这就要求园长在一定程度上放权，给予教师自主决策的机会，提供支持性条件，促使幼儿教师去学习与实践以真正参与到学习型幼儿园的建设中。园长将幼儿园的领导权力下放给幼儿教师，实现教师领导自治、自主决策、自主管理，这就表明了园长的领导管理态度，而园长的管理态度是领导学习型幼儿园发展的重要指向标，放手放权的态度无形中指引教师集体投身学习型幼儿园的建设中。换言之，这也就达成了全员参与学习型幼儿园建设的夙愿，同时也是实现学习型幼儿园改革的第一步。在此基础上，学习型幼儿园的园长应设定两大角色定位：不断进取的学习者与示范者、教师自主学习的服务者与支持者。作为学习型幼儿园中不断进取的学习者与示范者，园长在自身不断学习进取、优良示范之下，推动幼儿教师的协作学习与专业发展，提高幼儿园学习效率，园长所重之处，教师也势必随引而行。那么，园长首先自己是一个学习者，才有可能带动其他幼儿教师一起学习，使持续学习成为一种工作态度，成为一种成长方式，使幼儿园发展成为一个真正把握学习这一精神内核的学习型组织。在此基础上，为学习型幼儿园的发展与推进奠定不断学习的基调，园长不但鼓励教师成为持续的学习者，而且要求自己也成为学习者。换言之，园长扮演领导者角色的同时，也扮演着学习带头者的角色。园长作为幼儿教师自主学习的服务者与支持者，在学习型幼儿园建设中的作用尤为重要。幼儿园管理千头万绪，园长必须保持强烈的文化意识，要由管理型园长向引领型园长转变，起到导航的作用。相较于高位的引导者身份，园长还担任着幼儿教师及整个幼儿园情感及物质上的支持者角色。一方面，园长应构建一种重视追随者参与的理念，鼓励和激励幼儿教师努力，完全信任幼儿教师，肯定幼儿教师的职业价值，关注幼儿教师领导权。另一方面，通过正式和非正式的机会支持幼儿教师学习与发展，并为此尽可能提供资金和其他物质支持，如大力支持教师参加各种培训与学习，或者安排教师互相听课或去外校访问学习新的教学策略等。

5.2.2.2 教师要有合作学习与自我发展的意识

幼儿教师作为学习型幼儿园建设的主体，应积极参与到学习型幼儿园建设中，发挥组织主体的能动作用。学习型幼儿园的最终目标是实现幼儿教师的专业学习与不断成长，在学习型幼儿园建设进程中，幼儿教师的学习则是学习型幼儿园建设与发展的起点，因此，幼儿教师首先要有学习的意识与能动性，自身能够主动学习，并积极参与到幼儿园的合作学习中去。同时，由于学习型幼儿园指向组织中人的转变与发展，幼儿教师的角色发生真正转变——由追随者变为领导者，由活动的参与者变为主导者。自我领导、自主决策开始成为学习型幼儿园建设中幼儿教师的又一重要行动基础。为了继续推进学习型幼儿园建设，扩大既得利益群体，让更多的幼儿教师参与进来，分享领导权，提升共同决策效能，各方需协同行动，共同发展幼儿教师力量与建设学习型幼儿园。

幼儿教师专业发展与学习是学前教师教育领域的核心课题。学习型社会呼唤幼儿教师自主学习与专业发展主体地位的回归。[①] 当今社会科技发展迅猛，知识更新日新月异，特别是在教育改革的背景下，幼儿教师必须有极大的热情投入学习中，必须有自主学习和团队学习的强烈意识，建立学习共同体。幼儿教师通常有一种强烈的动力去学习多种新的教学实践，有一种促进幼儿和教师学习的紧迫感。学习是一种责任，是反思、对话、互动和生存的能力。幼儿园学习共同体的成员在其中担负着思维、成长和探究的责任。学习既是一项活动又是一种态度，既是一个过程又是一种生活方式。同样，在学习型幼儿园中，幼儿教师应努力提升自身的专业素养，主动学习的同时，与组织成员结成学习伙伴，与其他幼儿教师合作学习、共享实践，实现幼儿教师个体与群体的共同成长。此外，幼儿

---

① 蔡迎旗，海鹰. 自主学习：幼儿园教师专业发展的现实之需［J］. 学前教育研究，2016（3）：40+56.

教师还应具备自我发展的意识，紧跟学习型幼儿园的发展步伐，响应学习型幼儿园的变革要求，从自身做起，积极改善心智模式，主动谋求自我发展，实现幼儿教师的角色转型——由参与者、跟随者变为积极的行动者，成长为学习者及专业发展的领导者。

5.2.3 生态环境：健全学习型幼儿园的社会系统

幼儿园所处的生态社会环境是学习型幼儿园建设不可或缺的重要依存条件。构建学习型幼儿园应该立足于创设促进幼儿园持续发展的良好环境，推动幼儿园及其组织成员学习与发展的良性生态圈；同时，需统筹协调组织管理，建构促进持续学习的立体式外部支持系统。构建学习型幼儿园一方面顺应了学习型社会的发展趋势，另一方面也有赖于学习型社会提供的生态环境保障。学习型社会能够助力我国全民终身教育体系的完善，为培育更为健全完善的学习型幼儿园提供土壤。因此，在构建学习型幼儿园的实践中，一方面应为幼儿园创设学习型发展环境，另一方面应为幼儿师资队伍建设提供助力，进而实现幼儿教师的专业学习与发展，推动幼儿教师成为学习型幼儿园建设的中坚力量。

5.2.3.1 提供园所发展的相关社会保障

学前教育作为一种社会福利，政府应该承担主要责任，西方国家政府对学前教育的投入占学前教育总投入的80%左右，家长承担20%左右。但是目前，我国对幼儿园教育的投入还处于一个较低的水平，长期以来政府对学前教育的投入仅占教育总经费的1.3%，2010年以后才出现小幅上涨，但是与其他年龄阶段教育投入相比仍然具有很大差距，大量教育资金投入高等教育和义务教育领域，幼儿园教育始终处于边缘地带。[①] 为促进教师队伍持续健康发展，需

① 虞永平. 试论政府在幼儿教育发展中的作用 [J]. 学前教育研究，2007 (1)：3-6.

健全以政府投入为主、多渠道筹集教育经费的体制；大幅度增加教育投入，特别是增加关于幼儿教师教育经费的投入；进一步完善发展学前教育的国家投入机制，强化有限教育经费的精准投放，着力支持解决学前教育领域发展短板问题、学前教育公共服务体系布局不合理问题以及学前教育社会隐性资本差距拉大问题。尤其从提升国家教育软实力的高度，注重学前师资等人力资源的软性投资，强化教师队伍建设的资源和服务供给，以便形成以“教育侧供给性改革”为财力根基，以“教师专业能力理念架构”为顶层设计，以“幼儿园园本支持服务”为强力支撑的促进幼儿教师学习与发展的稳定体系。

教育行政部门还应为学习型幼儿园的发展发挥支持引导作用，深化幼儿园创新改革，加强幼儿园师资队伍建设。一方面，应发挥政府的领导作用，国家及各地教育主管部门应为学习型幼儿园的发展制定相关政策法规，明确幼儿园建成学习型组织的方向，引导幼儿园融入建设学习型社会的大环境中，并发挥幼儿园在学前教育领域的作用，共同建设学习型社会。另一方面，应为学习型幼儿园的建设发展以及幼儿教师专业学习与职业发展设立专门的改革基金，为学习型幼儿园的建设及教师专业发展提供支持，解决其后顾之忧，尤其向幼儿师资教育与学习倾斜，因为幼儿教师队伍投入经费与幼儿园教育质量高度相关，是“幼儿园教育质量最有效的预测指标”。[①] 幼儿教师学习与专业发展得到保障，就能够发挥幼儿教师建设学习型幼儿园积极能动的主体作用，使幼儿教师成为建设学习型幼儿园的中坚力量。政府及社会需加大经费投入力度，做到幼儿师资队伍教育与学习建设专款专用，切实发挥政府对发展学前教育的重要支撑作用，从而真正实现幼儿教师的专业发展与职业成长，为幼儿园培

① 李克建，潘懿，等．幼儿园教育质量与生均投入、生均成本的关系研究［J］．教育与经济，2015（2）：25-31.

育一支高质量的幼儿师资队伍，实现学习型幼儿园的持续发展。

5.2.3.2 建设网络学习研修社区

面对如今相对独立、分散的教师合作学习体系，构建区域教师学习研修网络应成为政府及社会支持幼儿教师长期、可持续专业发展的重要尝试。学习型幼儿园的建设与发展有赖于整个学习型社会为其创设的生态环境，因此有必要构建良好的网络学习研修社区，发挥外部生态圈的整体效应。学习型幼儿园的建设与发展立足于幼儿园场域，其发展不局限于幼儿园内部，还吸纳社会系统的有利资源，以谋求幼儿园更高层次的发展。社区作为学习型幼儿园发展的外部生态环境系统，应为学习型幼儿园的建设发展发挥支持性的重要作用。在具体实践中，一方面社区应为幼儿园创设良好的学习发展环境，如举办幼儿教师培训、建立合作学习共享平台、统筹幼儿园创新发展的专项资金、引入专家督导等；另一方面社区还可以组织区域内幼儿园共同建设，联动片区内幼儿园共同发展，建立长期的合作关系，形成互利共赢的幼儿园发展态势。此外，政府及社会应积极致力于构建多层次、互联互通的幼儿园学习研修网络，完善国家、省、市、县四级研修体系，促进各级机构之间互动和配合。同时，政府及社会还要努力建立保障管理机制，为幼儿园教师学习研修网络的有效运行提供组织和资源支持。

附　录

访谈提纲

访谈目的梳理：

了解学习型幼儿园是如何构建的。

了解影响学习型幼儿园形成、发展及运转的要素和障碍。

了解学习型幼儿园的促进和保障机制。

了解幼儿园组织管理幼儿教师学习情况。

了解幼儿园领导是如何影响学习型幼儿园发展及幼儿教师学习的。

主要访谈问题：

1. 请谈谈目前园所的改革给你园带来什么样的变化？在实施过程中遇到什么问题？幼儿园采取什么样的措施来响应变化？

2. 请您介绍一下您所在幼儿园建设学习型组织的现状，包括幼儿园的整体发展状况及幼儿教师的学习和专业发展，您在参与建设学习型幼儿园活动过程中的收获及遇到的困难问题，以及您是怎么解决这些问题的。

3. 学习型幼儿园是如何构建的？其过程是怎样进行的？其整体学习气氛如何？幼儿教师在该过程中的表现如何？请描述一下。

4. 介绍一下建设学习型幼儿园推进过程中的关键制度、关键事件、关键人物。

5. 幼儿园对学习型幼儿园建设整体组织管理及幼儿教师的个体学习有哪些支持条件？幼儿园对此有什么样促进和保障机制？

6. 结合幼儿园和自己的体会，谈一谈您对园本组织管理及幼儿园学习活动的认识和评价？您对学习型幼儿园的期待是什么？

参考文献

一、中文文献

[1] 安富海．课堂：作为学习共同体的内涵及特点［J］．江西教育科研，2007（10）．

[2]〔美〕彼得·圣吉．第五项修炼：学习型组织的艺术与实践［M］．张成林，译．北京：中信出版社，2018.

[3] 蔡迎旗，海鹰．自主学习：幼儿园教师专业发展的现实之需［J］．学前教育研究，2016（3）．

[4] 蔡迎旗．幼儿教育财政投入与政策［M］．北京：教育科学出版社，2007.

[5] 蔡迎旗．幼儿教育政策法规［M］．北京：高等教育出版社，2014.

[6] 操太圣，卢乃桂．伙伴协作与教师赋权：教师专业发展新视角［M］．北京：教育科学出版社，2007.

[7] 陈国权，宁南，李兰，赵慧群．中国组织学习和学习型组织研究与实践的现状和发展方向［J］．管理学报，2009（5）．

[8] 陈国权．组织行为学［M］．北京：清华大学出版社，2006.

[9] 陈国权．组织学习和学习型组织：概念、能力模型、测量及对绩效的影响［J］．管理评论，2009（1）．

[10] 陈海燕．论学习型组织与教师管理［J］．中小学学校管理，

2004（3）.

[11] 陈向明，等．搭建实践与理论之桥——教师实践性知识研究[M]．北京：教育科学出版社，2011.

[12] 陈晓萍，徐淑英等．组织与管理研究的实证方法［M］．北京：北京大学出版社，2008.

[13] 陈雅玲．学习型学校建设中的教师团队研究［D］．首都师范大学，2005.

[14] 陈中岭．县域多维网络联动教研共同体的构建与实验研究［J］．现代中小学教育，2014（11）.

[15] 崔永胜，娄立志．论民主教育思想与学习共同体的构建［J］．内蒙古师范大学学报（教育科学版），2009（9）.

[16]〔美〕戴维·A. 加尔文．学习型组织行动纲领［M］．邱昭良，译．北京：机械工业出版社，2004.

[17]〔美〕戴维·H. 乔纳森．学习环境的理论基础［M］．郑太年，任友群，译．上海：华东师范大学出版社，2002.

[18]〔美〕戴维·W. 约翰逊．领导合作型学校［M］．唐宗清，等译．上海：上海教育出版社，2003.

[19] 丁钢．全球化背景下的教师专业发展创新计划［M］．北京：北京师范大学出版社，2009.

[20] 杜洁，黎方军．建设学习型学校的共同愿景与目标概念辨析[J]．中国青年研究，2009（3）.

[21] 杜颖．高校教师专业学习共同体构建的影响因素及策略研究[J]．北京教育学院学报，2015（6）.

[22] 杜育红．变革时代呼唤学习型学校［J］．教育科学研究，2002（8）.

[23] 杜育红．论学习型学校［J］．北京师范大学学报（社会科学版），2004（2）.

[24] 范国睿．多维视野中的学校及其变革 [J]．教育发展研究，2004 (10).
[25] 范国睿．走向学习型组织的现代学校 [J]．教学与管理，2001 (2).
[26] 方国才，蔡守龙．营造学习型学校——学校学习型组织建设研究构想 [J]．江苏教育学院学报 (社会科学版)，2003 (4).
[27] 方国才．学习型学校：意义建构与图景勾画——兼论“学习型学校”教育学与管理学的双重价值 [J]．当代教育科学，2005 (22).
[28] 〔德〕斐迪南·滕尼斯．共同体与社会 [M]．林荣远，译．北京：商务印书馆，1999.
[29] 高志敏，等．终身教育，终身学习与学习化社会 [M]．上海：华东师范大学出版社，2005.
[30] 葛晓英．幼儿园文化构建的路径 [J]．学前教育研究，2012 (12).
[31] 顾燕萍，李政涛．课程文化转型中教研共同体建设的校本研究 [M]．上海：同济大学出版社，2011.
[32] 关松林．区域内义务教育师资均衡配置：问题与破解 [J]．教育研究，2013 (12).
[33] 〔德〕哈贝马斯．交往行动理论·第二卷——论功能主义理性批判 [M]．洪佩郁，蔺青，译．重庆：重庆出版社，1994.
[34] 〔美〕David W. Johnson, Roger T. Johnson. 合作学习 [M]．伍新春，郑秋，张洁，译．北京：北京师范大学出版社，2004.
[35] 姜勇，洪秀敏，庞丽娟．教师自主发展及其内在机制 [M]．北京：北京师范大学出版社，2009.
[36] 教育部师范教育司组织．教师专业化的理论与实践 [M]．北京：人民教育出版社，2003.

[37] 〔美〕杰拉尔德·C. 厄本恩，拉里·W. 休斯，辛西娅·J. 诺里斯．校长论——有效学校的创新型领导（第4版）[M]. 黄崴，龙君伟，译．重庆：重庆大学出版社，2004.

[38] 靳玉乐．合作学习 [M]. 四川：四川教育出版社，2005.

[39] 〔美〕肯尼斯·G. 威尔逊，贝尼特·戴维斯．全是赢家的学校——诺贝尔奖得主对美国教育改革的洞见 [M]. 王建华，祝东枚，等译．北京：机械工业出版社，2005.

[40] 李轶翼．构建学习型幼儿园的策略研究——以L军队S幼儿园为例 [D]. 首都师范大学，2011.

[41] 连文达，金玉梅．基于学习型组织的学校知识管理模式探究 [J]. 继续教育研究，2010 (6).

[42] 联合国教科文组织，国际教育发展委员会．学会生存：教育世界的今天和明天 [M]. 北京：教育科学出版社，1996.

[43] 刘丽云．共同愿景：学校文化的核心与灵魂 [J]. 反思与交流，2012 (10).

[44] 刘小可，陈通．学习型组织的组织学习过程模型的构建 [J]. 西安电子科技大学学报，2011 (1).

[45] 卢乃桂，操太圣．中国教师的专业发展与变迁 [M]. 北京：教育科学出版社，2009.

[46] 〔法〕卢梭．社会契约论 [M]. 何兆武，译．北京：商务印书馆，2009.

[47] 〔美〕罗伯特·G. 欧文斯．教育组织行为学——适应型领导与学校改革 [M]. 窦卫霖，温建平，译．北京：中国人民大学出版社，2007.

[48] 〔美〕罗伯特·K. 殷．案例研究——设计与方法 [M]. 周海涛，史少杰，译．重庆：重庆大学出版社，2017.

[49] 〔德〕马克斯·韦伯．社会学的基本概念 [M]. 胡景北，译．

上海：人民出版社，2000.
[50]〔德〕马克斯·韦伯．学术与政治［M］．钱永祥，等译，桂林：广西师范大学出版社，2010.
[51] 马作宽．组织变革［M］．北京：中国经济出版社，2009.
[52]〔加〕迈克尔·富兰．变革的力量——透视教育改革［M］．中央教育科学研究所，加拿大多伦多国际学院组织，译．北京：教育科学出版社，2004.
[53] 潘洪建，沈文涛．大班额教学新视野：学习共同体构建与教学方式变革［M］．镇江：江苏大学出版社，2012.
[54]〔英〕齐格蒙特·鲍曼．共同体［M］．欧阳景根，译．南京：江苏人民出版社，2003.
[55]〔美〕乔纳森·H. 特纳．社会学理论的结构（第7版）［M］．邱泽奇，张茂元，等译．北京：华夏出版社，2006.
[56] 谭昆．构建学习型学校思路探析［J］．现代教育科学（中学教师），2012（3）.
[57] 王宁．代表性还是典型性？——个案的属性与个案研究方法的逻辑基础［J］．社会学研究，2002（5）.
[58] 王玉彬．以园为本，建设学习型幼儿园［J］．中国教育学刊，2011（S1）.
[59] 韦惠惠．学习型学校的校长领导研究［D］．华南师范大学，2005.
[60]〔美〕沃尔特·W. 鲍威尔，保罗·J. 迪马吉奥．组织分析的新制度主义［M］．姚伟，译．上海：上海人民出版社，2008.
[61] 徐和平，来尧林．校际教研共同体［M］．杭州：浙江教育出版社，2010.
[62]〔美〕Shirley M. Hord. 学习型学校的变革——共同学习，共同领导［M］．胡咏梅，张智，等译．北京：中国轻工业出版社，

2004.
[63]〔美〕Jane Bumpers Huffman, Kristine Kiefer Hipp. 学习型学校的文化重构 [M]. 贺凤美，等译. 北京：中国轻工业出版社，2006.
[64]〔美〕Sylvia M. Roberts, Eunice Z. Pruitt. 学习型学校的专业发展——合作活动和策略 [M]. 赵丽，刘冷馨，朱晓文，译. 北京：中国轻工业出版社，2004.
[65]〔美〕Paul Clarke. 学习型学校与学习型系统 [M]. 铁俊，李航敏，等译. 北京：中国轻工业出版社，2004.
[66] 杨琼. 学习型学校之建构 [D]. 华东师范大学，2004.
[67] 杨全印. 学校文化建设：组织文化的视角 [D]. 华东师范大学，2005.
[68]〔美〕Richard DuFour, Robert Eaker. 有效的学习型学校——提高学生成就的最佳实践 [M]. 聂向荣，李钢，等译. 北京：中国轻工业出版社，2005.
[69]〔美〕约翰·杜威. 民主主义与教育 [M]. 王承绪，译. 北京：人民教育出版社，1990.
[70] 张建伟，孙燕青. 建构性学习：学习科学的整合性探索 [M]. 上海：上海教育出版社，2005
[71] 张兆芹. 构建学习型组织是学校内涵式发展的理想选择 [J]. 教育科学研究，2005 (3).
[72] 张兆芹，卢乃桂，彭新强. 学习型学校的创建——教师组织学习力新视角 [M]. 北京：教育科学出版社，2011.
[73] 张兆芹. 在构建学习型学校过程中教育领导角色与策略分析 [J]. 外国教育研究，2005 (11).
[74] 赵健. 学习共同体：关于学习的社会文化分析 [M]. 上海：华东师范大学出版社，2006.
[75]〔美〕珍妮特·V. 登哈特，罗伯特·B. 登哈特. 新公共服务：服

务,而不是掌舵 [M]. 丁煌, 译. 北京: 中国人民大学出版社, 2010.
[76] 周雪光. 组织社会学十讲 [M]. 北京: 社会科学文献出版社, 2003.
[77] 朱建明, 胡晓梅. 创建学习型学校“三维度” [J]. 中国教育学刊, 2011 (8).
[78] 朱旭东. 教师专业发展理论研究 [M]. 北京: 北京师范大学出版社, 2011.
[79] 〔日〕佐藤学. 教师的挑战: 宁静的课堂革命 [M]. 钟启泉, 陈静静, 译. 上海: 华东师范大学出版社, 2012.
[80] 〔日〕佐藤学. 静悄悄的革命 [M]. 李季湄, 译. 北京: 教育科学出版社, 2014.
[81] 〔日〕佐藤学. 学习的快乐——走向对话 [M]. 钟启泉, 译. 北京: 教育科学出版社, 2004.
[82] 〔日〕佐藤学. 学校的挑战——创建学习共同体 [M]. 钟启泉, 译. 上海: 华东师范大学出版社, 2006.
[82] 〔日〕佐藤学. 学校见闻录: 学习共同体的实践 [M]. 钟启泉, 译. 上海: 华东师范大学出版社, 2014.

二、英文文献

[1] Adler. Social practice theory and mathematics teacher education: A conversation between theory and practice [J]. Nordic Studies in Mathematics Education, 2008 (3): 37.
[2] Alderman, M. K. Motivation for achievement: Possibilities for teaching and learning [M]. Mahwah, New Jersey: Lawrence Erlbaum Associates, 2004.
[3] Bandura, A. Social foundations of thought and action: A social cognitive theory [M]. Englewood Cliffs, New Jersey: Prentice-Hall,

1986.

[4] Barth, R. S. Improving schools from within: Teachers, parents, and principals can make the difference [M]. San Francisco, CA: Jossey-Bass, 1991.

[5] Betz, N. E. The assessment of career development and maturity [A]. In Walsh, W. B., Osipow, S. H. (Eds.), Career decision making [C]. Hillsdale, NJ: Lawrence Erlbaum Associates, 1988.

[6] Borkowski, J. G., Carr, M., Rellinger, E., Pressley, M. Self-regulated cognition: Interdependence of metacognition, attributions, and self-esteem [A]. In Jones, B. F., Idol, L. (Eds.), Dimensions of thinking and cognitive instruction [C]. New York, NY: Routledge, 1990.

[7] Boyer, E. L. The basic school: A community for learning [R]. Princeton, N. J.: Carnegie Foundation for the Advancement of Teaching, 1995.

[8] Carter, K. Teachers' knowledge and learning to teach [A]. In Houston, W. R. Handbook of research on teacher education [C]. New York: Macmillan, 1990.

[9] Cochran-Smith, M., Lytle, S. L. Relationships of knowledge and practice: Teacher learning in communities [A]. In Iran-Najad, A., Pearson, P. D. (Eds.), Review of research in education [C]. Washington D. C.: American Educational Research Association, 1999.

[10] Connelly, F. M., Clandinin, D. J. Teachers as curriculum planners: Narratives of experience [M]. New York: Teachers College, 1988.

[11] Darling-Hammond, L., Wise, A. E., Klein, S. P. A license to teach: Raising standards for teaching [M]. San Francisco, CA Jossey-Bass, 1995.

[12] DuFour, R. Schools as learning communities pages 6-11 [J]. Educational Leadership, 2004, 61 (8).

[13] Fink, D., Brayman, C. School leadership succession and the challenges of change [J]. Educational Administration Quarterly, 2006, 42 (1).

[14] Fullan, M. The three stories of education reform [J]. Phi Delta Kappan, 2000, 81 (8).

[15] Fuller, B., Tzu, J. A. Explaining school cohesion: What shapes the organizational beliefs of teachers? [J]. American Journal of Education, 1986, 94 (4).

[16] Glickman, C. D., Gordon, S. P., Ross-Gordon, J. M. Supervision of instruction: A developmental approach (4th Ed.) [M]. Boston: Allyn & Bacon, 1998.

[17] Hord, S. M. Learning together, leading together: Changing schools through professional learning communities [M]. New York: Teachers College Press; Oxford, Ohio: National Staff Development Council, 2004.

[18] Johnson, D. W., & Johnson, F. P. Joining together: Group theory and group skills [M]. Boston: Allyn & Bacon, 2000.

[19] Joyce, B., Showers, B. Student achievement through staff development [M]. New York: Longman, 1988.

[20] Leithwood, K., & Jantzi, D. The relative effects of principal and teacher sources of leadership on student engagement with school [J]. Educational Administration Quarterly, 1999, 35 (8).

[21] Magolda, P. Border crossings: Collaboration struggles in education [J]. The Journal of educational research, 2001, 94 (6).

[22] Martin-Kniep, G. O. Developing learning communities through teach-

er expertise [M]. Corwin Press, 2003.

[23] McCombs, B. L.. Self-regulated learning and academic achievement: A phenomenological view [A]. In Zimmerman, B. J., Schunk, D. H. (Eds.), Self-regulated learning and academic achievement: Theory, research, and practice [C]. New York: Springer, 1989.

[24] Pintrich, P. R. The role of goal orientation in self-regulated learning [A]. In Boekaerts, M., Pintrich, P. R., Zeidner, M. (Eds.), Handbook of self-regulation [C] San Diego, California: Academic Press, 2000.

[25] Pomson, A. One classroom at a time? Teacher isolation and community viewed through the prism of the particular [J]. Teachers College Record, 2005, 107 (4).

[26] Schunk, D. H., Ertmer, P. A. Self-regulation and academic learning: Self-efficacy enhancing interventions [A]. In Boekaerts, M., Pintrich, P. R., Zeidner, M. (Eds.), Handbook of self-regulation [C]. San Diego, California: Academic Press, 2000.

[27] Schunk, D. H., Zimmerman, B. J. Self-regulation of learning and performance: Issues and educational applications [M]. Hillsdale, New Jersey: Lawrence Erlbaum Associates, 1994.

[28] Schunk, D. L., Zimmerman, B. J. Self-regulated learning: From teaching to self-reflective practice [M]. New York: The Guilford Press, 1998.

[29] Strike, K. A. Can schools be communities? The tension between shared values and inclusion [J]. Educational Administration Quarterly, 1999, 35 (1).

[30] Tsui, A. Understanding expertise in teaching: Case studies of second language teachers [M]. Cambridge: Cambridge University Press,

2003.

[31] Wallace, M. J. Training foreign language teachers: A reflective approach [M]. Cambridge: Cambridge University Press, 1991.

[32] Weick, K. E. The generative properties of richness [J]. Academy of Management Journal, 2007, 50 (1).

[33] Winne, P. H., Perry, N. E. Measuring self-regulated learning [A]. In Boekaerts, M., Pintrich, P. R., Zeidner, M., Eds. Handbook of self-regulation [C]. San Diego, California: Academic Press, 2000.

[34] Yin, R. K. Case study research: Design and methods [M]. London: Sage, 1994.

[35] Zimmerman, B. J. Attaining self-regulation: A social cognitive perspective [A]. In Boekaerts, M., Pintrich, P. R., Zeidner, M. (Eds.), Handbook of self-regulation [C]. San Diego, California: Academic Press, 2000.

图书在版编目(CIP)数据

学习型幼儿园的构建 / 孟会君著 . --北京：社会科学文献出版社，2025. 6. --ISBN 978-7-5228-5193-8

Ⅰ. G615

中国国家版本馆 CIP 数据核字第 2025T8J300 号

学习型幼儿园的构建

著　　者 / 孟会君

出 版 人 / 冀祥德
责任编辑 / 陈凤玲
文稿编辑 / 郭晓彬
责任印制 / 岳　阳

出　　版 / 社会科学文献出版社
地址：北京市北三环中路甲 29 号院华龙大厦　邮编：100029
网址：www. ssap. com. cn
发　　行 / 社会科学文献出版社（010）59367028
印　　装 / 三河市尚艺印装有限公司

规　　格 / 开 本：787mm × 1092mm　1/16
印 张：14　字 数：189 千字
版　　次 / 2025 年 6 月第 1 版　2025 年 6 月第 1 次印刷
书　　号 / ISBN 978-7-5228-5193-8
定　　价 / 89. 00 元

读者服务电话：4008918866